حصارِ طلسمِ ذات

حَرَمَیْن طارق

وجود کی حدوں کے پار،
طلسمِ ذات کا حصار ہے۔

حرمین طارق

حصارِ طلسمِ ذات

وجود کی حدوں کے پار،
طلسمِ ذات کا حصار ہے۔

عنوان: حصارِ طلسمِ ذات
مصنف: حرمین طارق

حق اشاعت ©۲۰۲۲، حرمین طارق

جملہ حقوق محفوظ ہیں۔ اس کتاب کے کسی بھی حصے کو مصنف کی تحریری اجازت کے بغیر کسی بھی شکل یا ذریعہ (پرنٹ، الیکٹرانک، آڈیو وغیرہ) میں دوبارہ شائع، تقسیم یا ترمیم نہیں کیا جا سکتا۔ اس کتاب کا کوئی بھی مواد تعلیمی یا غیر منافع بخش مقاصد کے لیے استعمال کیا جا سکتا ہے، بشرطیکہ اس کا حوالہ مناسب طور پر دیا جائے۔

پہلا ایڈیشن: نومبر، ۲۰۲۴

یہ کتاب ایک تخلیقی کام ہے اور اس میں بیان کردہ خیالات اور آراء صرف مصنف کے ہیں۔ کسی بھی قسم کی مماثلت اتفاقیہ ہو سکتی ہے۔

مزید معلومات کے لیے رابطہ کریں:
mianharmaintariq@gmail.com

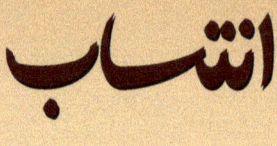

انتساب

یہ کتاب اُن ہستیوں کے نام ہے جنہوں نے میری زندگی کو اپنی محبت، علم اور قربت سے مالا مال کیا۔ آپ سب کی موجودگی اور دعاؤں نے میری اس تخلیق کو حقیقت میں بدلنے میں مدد دی۔

میرے والدین

آپ دونوں میری زندگی کی وہ بنیاد ہیں جن پر میرا ہر خواب تعمیر ہوتا ہے۔ آپ کی محبت، دعائیں، اور قربانیاں میرے لیے ہمیشہ رہنمائی کا ذریعہ رہی ہیں۔ آپ کی دعاؤں کی روشنی نے مجھے ہر اندھیرے سے نکالا اور آپ کی نصیحتوں نے میری زندگی کو کامیابی کے راستے پر گامزن کیا۔ آپ کا بے پناہ پیار میری زندگی کی سب سے بڑی طاقت ہے۔

میری پیاری بہن، نورالہدیٰ

تم میری زندگی کا وہ انمول حصہ ہو جس کی روشنی سے میرا ہر اندھیرا دور ہوتا ہے۔ تمہاری محبت اور بے پناہ خیال رکھنے کا انداز میری روح کی غذا ہے۔ تمہارا وجود میرے لیے خدا کی بہترین نعمت ہے، اور تمہارے بغیر میری زندگی کا کوئی بھی لمحہ مکمل نہیں ہوتا۔

میرے دوست، میاں امیر حمزہ، محمد عبداللہ نعیم، اور محمد ابو بکر

تم سب میرے سفر کے ساتھی ہو، جن کے بغیر میری زندگی کی کہانی ادھوری ہوتی۔ تمہارے ساتھ گزاری ہر گھڑی ایک خزانہ ہے، اور تمہاری دوستی میری زندگی کا سب سے قیمتی سرمایہ ہے۔ تمہارے ہنسنے اور ساتھ دینے کا انداز میری زندگی میں خوشیوں کے رنگ بکھیرتا ہے، اور تمہاری رفاقت میرے لیے ہمیشہ سکون کا باعث بنتی ہے۔

میرے محترم اساتذہ، محمد شاہد حسین نوید صاحب (اردو ڈیپارٹمنٹ، انڈس کینڈیڈ ہائی اسکول فیصل آباد) اور مسٹر حفیظ جابر (رائل نالج اردو لٹریچر سوسائٹی، امریکہ)

آپ دونوں کی علمی بصیرت اور رہنمائی نے میری شعری فکر کو نکھارا اور میرے خیالات کو اظہار کی طاقت دی۔ خصوصاً مسٹر حفیظ جابر صاحب، آپ کی محبت، رہنمائی، اور دلچسپی نے اس کتاب کو زندگی بخشی۔ آپ کا ہر لفظ میرے لیے مشعلِ راہ ثابت ہوا، اور آپ کی کوششوں نے میری تخلیقی صلاحیتوں کو جلا بخشی۔

یہ کتاب آپ سب کے لیے ہے، کیونکہ آپ کے بغیر یہ سفر ممکن نہ ہوتا۔

دیباچہ

"حصارِ طلسمِ ذات" ایک ایسی تخلیق ہے جو انسان کے وجود، اس کے باطن، اور روحانی سفر کی گہرائیوں کو چھوتی ہے۔ یہ کتاب میری سالہا سال کی سوچ و فکر، تجربات، اور مشاہدات کا نچوڑ ہے، جس میں میں نے فلسفہ، روحانیت، رومانویت، اور زندگی کے مختلف پہلوؤں کو سمیٹا ہے۔ یہ محض ایک کتاب نہیں، بلکہ خود شناسی اور حقیقت کی تلاش کا ایک سفر ہے۔

اس کتاب کی تخلیق کا خیال اس وقت آیا جب میں نے محسوس کیا کہ انسانی جذبات، خیالات، اور تجربات کے گہرے فلسفے کو بیان کرنے کی ضرورت ہے۔ یہ کتاب میری کوشش ہے کہ میں ان تمام خیالات کو یکجا کر سکوں جو انسان کے باطن میں پوشیدہ ہیں، اور انہیں ایک ایسے طرز میں پیش کروں جو قاری کے دل اور دماغ دونوں کو چھو سکے۔

"حصارِ طلسمِ ذات" میں شامل غزلیات، نظمیں، اور تخلیقی نثر سب ایک دوسرے سے جڑے ہوئے ہیں، مگر ہر ایک اپنی جگہ منفرد ہے۔ ان تحریروں میں محبت، درد، خود شناسی، اور قدرت کے ساتھ ایک گہرا تعلق ظاہر ہوتا ہے۔ یہ کتاب قاری کو ایک فکری اور روحانی سفر پر لے جاتی ہے جہاں اسے اپنے وجود کی گہرائیوں میں جھانکنے کا موقع ملتا ہے۔

میرے نزدیک اس کتاب کا سب سے اہم پہلو یہ ہے کہ یہ انسان کو مادیت پرستی کی حدود سے باہر نکل کر روحانیت اور فلسفے کی گہرائیوں میں جھانکنے کی دعوت دیتی ہے۔ یہ کتاب صرف پڑھنے کے لیے نہیں، بلکہ اس پر غور کرنے اور سوچنے کے لیے ہے۔

مجھے امید ہے کہ یہ کتاب آپ کے لیے بھی ویسی ہی اہم ثابت ہوگی جیسے کہ میرے لیے ہے۔ میری خواہش ہے کہ آپ اس کتاب کو پڑھتے ہوئے وہی جنون اور تلاش محسوس کریں جو میں نے اس کی تخلیق کے دوران محسوس کیا۔

آپ کا مخلص،

حرمین طارق

حمد

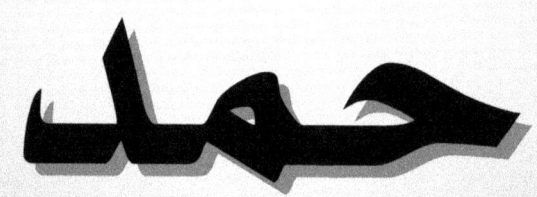

ہر شے میں ہے تیرا جلوہ، ہر ذرہ میں ہے تیرا نور
تو مالک ہے، تو حاکم ہے، ہر سانس میں تیرا ظہور

یہ چاندنی کی روشنی ہو، یا صبح کا اجالا
ہر رنگ میں تیرا کرم ہے، ہر پل میں تیرا نور

تو ہی زمین کا وارث ہے، تو ہی آسماں کا رب
تیرے سوا نہیں کوئی، ہر دل میں تیرا سرور

رحمان ہے، رحیم ہے، تو ہی سب کا خالق ہے
ہر دل کی دھڑکن میں ہے، تیرا ہی ذکر و حضور

تیرے کرم کی بارش میں، سب کچھ ہی ہے بہرہ ور
تیری حمد کے آگے، جھکے ہیں سب سر اور غرور

تو ہے اول، تو ہے آخر، تو ہی ہے ازل کا راز
تیری بخشش کے آگے، سب کچھ ہے محو و مسرور

حرمین کا بھی ذکر ہے، تیری بخشش کے طفیل
تیری رضا میں ہے سکون، تیری یاد ہی سرور

نعت

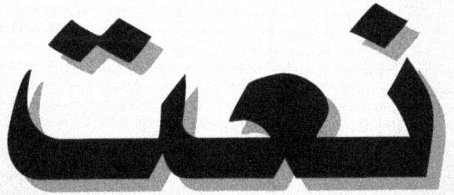

آپ ﷺ رحمت اللعالمین ہیں، آپ ﷺ نبی الامین ہیں
آپ ﷺ ہادیِ برحق ہیں، آپ ﷺ شفیع المذنبین ہیں

آپ ﷺ ہیں نورِ ہدایت، آپ ﷺ ہیں نجمِ مبین
آپ ﷺ سراجا منیرا ہیں، آپ ﷺ سب کے لیے معین ہیں

آپ ﷺ ہیں رحمۃ للعالمین، آپ ﷺ ہیں خاتم النبیین
آپ ﷺ خلقِ عظیم کا نمونہ، آپ ﷺ خیر المرسلین ہیں

آپ ﷺ بشیر ہیں، آپ ﷺ نذیر ہیں، آپ ﷺ ہادیِ سبل
آپ ﷺ ہیں رسولِ مکرم، آپ ﷺ سید المرسلین ہیں

آپ ﷺ ہیں نبی رحمت، آپ ﷺ ہیں امام المتقین
آپ ﷺ سراجِ منیر ہیں، آپ ﷺ راہبرِ مبین ہیں

آپ ﷺ نبی الامین ہیں، آپ ﷺ ہیں صادق و مصدوق
آپ ﷺ احمدِ مجتبیٰ ہیں، آپ ﷺ فخرِ مومنین ہیں

آپ ﷺ ہیں ساقی کوثر، آپ ﷺ ہیں شفیع روزِ جزا
آپ ﷺ نبی رحمت ہیں، آپ ﷺ حبیب ربّ العالمین ہیں

حرمین کا بھی دل ہے، آپ ﷺ کی مدحت کا مقام
آپ ﷺ کے ذکر سے روشن، ہر دم ہماری جبین ہیں

منقبت امام حسینؑ

خونِ حسینؑ سے روشن، حق کا یہ مینار ہے
جہاں بھی دیکھو، بس حسینؑ کا ہی پیار ہے

کربلا کی مٹی میں، جذبِ وفا کا راز ہے
جو سر نہ جھک سکا کبھی، وہی جری شعار ہے

باطل کے سامنے، حق کی وہی صدا رہی
حسینؑ نے دکھا دیا، صبر کا وقار ہے

وہ جانِ کائنات ہے، وہ رمزِ زندگی
حسینؑ کے نام سے، دین کا اعتبار ہے

عباسؑ کا علم لیے، زینبؑ کا پیام ہے
یہی حسینؑ کی راہ ہے، یہی ان کا معیار ہے

حرمین کا بھی ذکر ہے، حسینؑ کے مقام میں
جہاں ہر دل میں حسینؑ کا ہی اقتدار ہے

منقبت
بی بی فاطمہ
الزہراؑ

وہ فاطمہؑ، جو نسخۂ کائنات ہے
وہ بنتِ مصطفیٰؐ، جو راحتِ حیات ہے

ہے عرش بھی جھک جاتا، جب نام فاطمہؑ کا آئے
وہ نور کی کرن، جو روشنی کی بات ہے

زبانِ حق سے نکلا، جو لقبِ زہرا ملا
وہ شان میں بلند، وہ فخرِ کائنات ہے

حسنؑ و حسینؑ کی ماں، وہ علیؑ کی شریکِ حیات
جس کی پاکیزگی، خود قرآن کی آیات ہے

ہے بی بیوں کی سردار، ہے وہ جنت کی ملکہ
فاطمہؑ کا ہر لمحہ، عبادت کی برکات ہے

منقبت حضرت علیؑ

ہے علیؑ کا نام، جن سے لرزتا ہے جہاں
حیدرِؑ کرار کی، شان ہے بے حد و بے کراں

جب ذوالفقار چمکی، عرش بھی جھک گیا
دشمنوں کے قلب پر، چھا گیا خوف کا سماں

خیبر کا در بھی تھا، جس نے جھکایا یدِ علیؑ
ہے ہر میدان میں، ان کے جلال کا بیاں

حیدرؑ کی ہیبت سے، لرزے تھے قیصر و کسریٰ
علیؑ کی فتح کے آگے، سب نے مانا اپنا زیاں

وہی تو فاتح ہیں، وہی ہیں امام مبین
فاطمہؑ کے شوہر، حسنؑ و حسینؑ کا سائباں

حرمین کا دل بھی، ہے ذکرِ علیؑ کا مسکن
علیؑ کا عشق ہی تو، ہے ہر دل کی جاں

غزلیات

وجود کی حدوں سے پرے اک سراب ہے
طلسمِ ذات میں کہیں چھپا اِک حباب ہے

نقاب اُٹھا کے جو حقیقت عیاں ہوئی
وہ خواب تھا، خیال تھا یا اک حباب ہے

سرابِ جستجو میں حقیقت ہے نیم جاں
ہر اک سوال کے پسِ پردہ اک عذاب ہے

فصیلِ ذات کے وہم میں قید خواب ہیں
جو توڑ دے یہ بندشیں، وہی کامیاب ہے

خیال و خواب کے طلسم میں گم ہے روشنی
حقیقتوں کی راہ میں بس اک حجاب ہے

حصارِ ذات کے پردے میں چھپا ہے وہ چراغ
جو جل سکے تو زندگی کا انقلاب ہے

طلسمِ ذات کی حقیقتیں عیاں ہوئیں
کہ ہر قدم پہ منتظر نیا نصاب ہے

سراغِ راہ میں ہر ایک لمحہ فریب تھا
جو لمحۂ خود کلام ہے وہی انتخاب ہے

وجود کی گتھیاں سلجھنے کی دیر تھی
پھر رازِ ذات بھی بے نقاب ہے

غبارِ ذات میں چھپی ہوئی حقیقتیں
ہر اک خیال کا جواب بس اک سراب ہے

یہی طلسم ہے، یہی حصارِ ذات ہے
جہاں ہر اک نفس کے پیچھے اک عتاب ہے

جو پار کر سکے وہی کرشمۂ حیات ہے
وگرنہ ہر نفس میں پنہاں اک اضطراب ہے

ازل سے ہے تلاشِ ذات کی یہ جستجو
جو مل سکے، سمجھو تہہ میزاب ہے

یہاں حقیقتوں کے درمیاں ہے وہ طلسم
کہ جو خواب تھا ہمیں، وہ مستجاب ہے

تمام راز کھل بھی گئے، راز مگر راز رہے
طارقؔ تیری جستجو کا تمام، حاصل مآب ہے

یہ کیسا راز ہے جو ذات میں چھپا ہوا ہے
کہ آئینہ بھی حقیقت کو چھو نہ سکا ہے

ہر ایک لمحہ فریبوں کا اک جال بُن رہا ہے
گماں کے پردے میں سچ کھویا ہوا ہے

خیال و خواب کی دنیا میں روشنی گم ہے
حقیقتوں کا کوئی راستہ بھی الجھا ہوا ہے

وجود کی حدوں سے پرے ہے اک سراب کا منظر
ہر اک قدم پہ اک نیا دھوکہ بچھا ہوا ہے

طلسمِ ذات کے پردے میں چھپی ہیں کہانیاں
جو راز ہے وہ بھی قصے سے لپٹا ہوا ہے

یہ عشق بھی کیا عجب فسانہ ہے
ہر دردِ دل میں محبت کا نقش کھنچا ہوا ہے

حرمین، تمہاری جستجو کا حاصل یہی ہے
کہ ہر خیال کا سراغ بھی گمشدہ ہوا ہے

سرابِ عشق میں ہے دل کا ہر فریب گم
سکون کی تلاش میں کئی خواب گم

چمک رہی ہے روشنی نگاہِ دوست کی
مگر ہے سامنے دلوں کا اضطراب گم

ہماری جستجو کا حاصل اک خیال تھا
جو راہ میں ملا تو، ہوا خود جواب گم

طلسمِ ذات کے حصار میں چھپا ہوا
ہر ایک راز تھا جو ہو گیا حجاب گم

یہ عاشقی بھی اک سراب کے سوا نہ تھی
جسے ملا وہ ہو گیا خود انتخاب گم

حرمین، یہی حقیقتِ حیات ہے
جو شخص ہے یہاں، ہوا خود نصاب گم

دستک ہوئی، ضبط چھلکا سکوتِ چشم ٹوٹا
بعد مدت کے آج، صفتِ سنگ قنوت ٹوٹا

ہوک اٹھی، سہم کر تھام لیا دامن اپنا ہی
سوال ہوا کہ کون اب کی بار دلِ کم گوت ٹوٹا؟

وہ آئینہ مثل تھا مگر ثابت ہوا مضبوط تر
مان تھا جس کو اپنی مضبوطی کا، وہی جبروت ٹوٹا

دھڑکن کی چیخ سے لرزا تھا بدن دونوں کا یکساں
بے وضو چھونے سے اُس بدن کا سطوت ٹوٹا

نکلی ہوئی تھی موت زندگی کے تعاقب میں
اُس نگاہ کا پڑنا تھا کہ حیات کا سوت ٹوٹا

کھا رہا تھا جفا کش چھوڑ جانے کی قسم
ٹھیک اُسی وقت ستارہ اِک خوش جوت ٹوٹا

مان تھا بہت گردشِ وقت کو اپنی روانی پر
اُس نے گھڑی پہنی، اور وقت کا ثبوت ٹوٹا

تیرے ہجر کی راتیں، اداس لمحے سنگ ہیں
دل کی ویرانیوں میں، تیری یادوں کے رنگ ہیں

چاندنی کی روشنی بھی جلائے دل کے داغ
دور تیری گلی سے ہیں، قدم بے ڈھنگ ہیں

نہ کوئی پیغام، نہ کوئی صورت نظر میں
دوریاں ہیں بیشمار، پر خواب اب بھی حامل رنگ ہیں

وصل کی وہ گھڑیاں، اک خواب کی طرح بیت گئیں
اب فراق کے موسم میں، درد ہی ملنگ ہیں

حرمین کی غزلوں میں، تیری خوشبو ہے بھری
کہ جو زخم دے گیا تو، وہی زرد سے رنگ ہیں

ہر راہ کے آخر میں اک راز چھپا ہوتا ہے
دل کی گہرائی میں خدا کا پتا ہوتا ہے

فنا کے سفر میں بقا کی روشنی ملے
ہر سجدے میں اک در کا پتا ہوتا ہے

جب دل کی دنیا میں سکون کا چراغ جلے
تو ہر لمحہ اک دعا کا پتا ہوتا ہے

تلاشِ حق میں جو راہی تھک کے گرے
اس کے لیے بھی وہی بابِ رہبر کھلا ہوتا ہے

حرمینؔ، وہی سرور پاتا ہے راہِ فنا میں
جو انا کی قید سے رہا ہوتا ہے

ستاروں کی زباں میں کوئی رازِ نہاں تھا
کہ دل کی دھڑکنوں کا جو حاصلِ داستاں تھا

زمیں کی وسعتوں میں چھپا اک سراغ تھا
فلک کی گہرائی میں بھی وہی کارواں تھا

ہوا کے سنگ چلتے تھے کچھ خواب سنہرے
کہ بادلوں کے پیچھے بھی وہی آشیاں تھا

ہماری سوچ کی پرواز کائنات سے پرے
مگر حقیقتوں میں کہیں وہی جہاں تھا

حرمین، یہ راز بھی عجب تھا کہ خود کو کھو دیا
تب حبا کے ملاوہ، جو اصل امتحاں تھا

شبِ ہجر میں یادوں کے چراغ جلتے ہیں
دل کی گہرائیوں میں خواب پلتے ہیں

حسین خوابوں کی تعبیر تو ملی نہیں
بس انتظار کے لمحے عمر میں ڈھلتے ہیں

ہر اک قدم پہ مسافر کو ہے فریب در پیش
نظر کے سامنے ہر لمحہ رنگ بدلتے ہیں

محبتوں کی زمیں پر کوئی پھول نہیں
کہ آج کل یہاں فقط کانٹے کھلتے ہیں

حرمین، عشق کی راہوں میں سفر جاری رہے
ہم درد کو سینے میں رکھ کے چلتے ہیں

پرندوں کی اوڑان بھی بیکار نہیں ہے
زمین کی کشش پر ہی انحصار نہیں ہے

عرش تلک تو تیری ثناء نہیں پہنچنے والی
اے انساں اگر تو صاحبِ کرادر نہیں ہے

تم اور میں کافی نہیں ہیں محبت میں؟
اِس جیومیٹری میں مثلث درکار نہیں ہے

سرمئی آنکھوں کے حوالے ہوا یہ مقتل
کہ ان سے بہتر تو کوئی تلوار نہیں ہے

خدا کا ہونا بھی تو ساتھ ضروری ہے نا
محض خدائی ہی تو اقتدار نہیں ہے

اک ظلم کے بابت تُو مجھے کوس رہا ہے
کس جرم میں شریک رشتہ دار نہیں ہے

یہ صحنِ حرمین ہے سو رینگتے ہوئے آ طارق
کہ پاؤں ہونے کا مطلب رفتار نہیں ہے

ہم ایسوں کو اُس کی پائل کے عوض بیچو
کہ اُس بدن سے کوئی تعلق کم معیار نہیں ہے

ہر گام پہ اک سایہ، پرچھائی سی کیوں ہے؟
گزرا ہوا لمحہ، کہانی سی کیوں ہے؟

دل کہتا ہے کچھ بات، پہلے بھی سنی تھی
یہ سازشِ وقت، پہچانی سی کیوں ہے؟

نظروں میں ہے منظر، پر نقش نیا ہے
پہچان کے پردے میں حیرانی سی کیوں ہے؟

ہر راہ پہ ہے دھند، ہر موڑ پہ خاموشی
یہ خواب کی دنیا میں، بیابانی سی کیوں ہے؟

یادوں کی لکیروں میں، کچھ راز چھپے ہیں
ہر بار گزرتے ہیں مگر، ویرانی سی کیوں ہے؟

زندگی کے صفحات، اُلٹتے ہیں خود بخود
لکھا ہوا ماضی، یہ کہانی سی کیوں ہے؟

ہر ایک لمحہ کہیں پر نشان رہ گیا
جو بھی ملا تھا، وہی امتحان رہ گیا

سکوتِ وقت نے چپ کے حصار میں
جو بولنا تھا، وہ حرفِ گمان رہ گیا

ثبوت دینے کو کس کو سناؤں دل کی بات؟
جو آنکھ میں تھا، وہ بے زبان رہ گیا

حدودِ عمر میں قیدِ جہاں کی فکر تھی
مگر یہ دل پُر خلش بے امان رہ گیا

وجود اپنا تھا، پر سایہ گم سا ہو گیا
کہ زندگی کا سفر درمیان رہ گیا

سکوتِ شب میں جو خواب سا سنائی دیا
وہ دل کا حال تھا، خاموش تھا، سنائی دیا

گماں تھا اشک کا قطرہ، بکھر گیا خاموش
کہ یہ سانحہ بے آواز تھا، مگر سنائی دیا

نظر نے چپ کی زباں میں بیاں کیا
کہ درد دل کا اظہار مگر سنائی دیا

خیال و خواب کی گہرائیوں میں خلا تھا
وہ سایہ نما بے زباں تھا، مگر سنائی دیا

کبھی نہاں تھا جو زخم، کبھی عیاں ہوا
کہ رنجشوں کا کوئی راز تھا مگر سنائی دیا

جو شخص ساتھ تھا، وہ ہمارا نہ تھا
یہ خواب اور خیال بھی، ہمارا نہ تھا

چاندنی رات بھی اجنبی سی تھی
جو عکس چاند تھا، وہ بھی ہمارا نہ تھا

نور کی جھلک تھی بس گماں میں کہیں
وہ رنگ اور روشنی کا کوئی ستارا نہ تھا

افسانی باتیں تھیں، گزرتی شاموں میں
جو کردار مرکزی تھا، وہ بھی ہمارا نہ تھا

جو تھا نازک بہت، وہ آئینہ صفت ٹوٹ گیا
جو مضبوط تر تھا، اوّل وہی بُت ٹوٹ گیا

یہ خاموشی کا تھا کس قدر عجب عالم رواں
سرگوشی ہوئی اور شب کا سکوت ٹوٹ گیا

خمارِ وصل تھا، یا جدائی کا تھا گماں
نظر میں تھا جو سطوت، ٹوٹ گیا

عجیب رنگ تھے موسم کے اس بہار میں
جو پھول کھل نہ سکا، وائے وحشت ٹوٹ گیا

یہ دل کا بوجھ تھا یا نظر کا تھا فریب
وقار کا تھا جو شجر، وہی جبروت ٹوٹ گیا

یہ نظروں کا جام گر چھلک جائے تو کیا کیجیے
آدمی تو الگ فرشتہ گر بہک جائے تو کیا کیجیے

تیری نیم نگاہی پہ ہوا شربتی جام بھی شیدا
ایماں زاہدوں کا گر بھٹک جائے تو کیا کیجیے

سرِ محفل آفت آن پڑی جنم جو آیا کاگل میں
ناگن یہ ڈس لے گی! اگر ہاتھ سرک جائے تو کیا کیجیے

شمع کو جلایا تھا دل کی روشنی میں ہم نے
پروانہ اگر پل میں بھڑک جائے تو کیا کیجیے

دل کا حال کہہ نہ سکے، خامشی ہی بہتر ہے
لب اگر ہلیں، تو سرِ بازار بک جائے تو کیا کیجیے

اک نظر کا فسوں تھا، یا تھا کوئی خواب کا جال
شب کی تنہائی میں گر دل دھڑک جائے تو کیا کیجیے

چاندنی رات میں سرگوشی تھی یا کوئی راز کا پیام
پلکوں کی لرزش سے گر خواب بکھر جائے تو کیا کیجیے

محفل میں ہنسی کی گونج تھی یا تھی دل کی فریاد
دل کی گہرائی میں آہ گر دبک جائے تو کیا کیجیے

وجود اپنا تھا، لیکن اختیار نہ رہا
وقت کا بھی کوئی اعتبار نہ رہا

ہزار رنگ تھے عشق کی سرزمینوں میں
مگر جو لمس تھا، وہ پائیدار نہ رہا

یہ گردشوں کا عجب سلسلہ رہا طارقؔ
کہ جیسے چاک پہ کوئی غبار نہ رہا

محبتوں کی طلب میں جو خاک ہو بیٹھے
انہیں کبھی بھی کہیں قرار نہ رہا

ہزار قافلے آئے، گزر بھی جاتے رہے
مگر وہ ایک شخص، جس کا مدار نہ رہا

جو دل میں بوجھ تھا، سب سے چھپایا گیا
غموں کے ہالے میں خود کو گھمایا گیا

ہر اک زخم تھا ماضی کا ایک داغ سا
مگر گماں کے حصار میں بہلایا گیا

یہ درد، یہ خلش، یہ کہانیوں کا غبار
ہزار بار چھپایا گیا ہزار بار الجھایا گیا

مسافتوں میں نہیں تھا کوئی قرار کا لمحہ
مدارِ شوق میں بس گھوم کر دکھایا گیا

ہر ایک بات کی گہرائی تھی گمشدہ
خموشی لب پہ سوالوں کو سُلایا گیا

حرمینِ طارق

تیری فرقت کو بخش دی عظمت
ہم ہیں تقدیر چومنے والے

حرفِ ملامت کو ہم نے چوم لیا
ہم ہیں ہجر کی تحریر چومنے والے

ظلم کے سائے سے کیا خوف ہمیں
ہم ہیں شمشیر چومنے والے

اب بھی زندہ ہے پیار کی عظمت
ہم ہیں خاک کی تصویر چومنے والے

زخم دل کو سجاتے ہیں سینے میں
ہم ہیں تسخیر چومنے والے

غم کی بارش ہو یا خوشی کا عروج
ہم ہیں ہر پل تقدیر چومنے والے

وقت کے ہاتھ کو جھکایا ہے
ہم ہیں تدبیر چومنے والے

خود کو جلتے چراغ کر ڈالیں
ہم ہیں تیرگی سے نیر چومنے والے

موت کے بعد بھی مسکراتے ہیں
ہم ہیں تعبیر چومنے والے

کہاں گئے وہ عہد و پیغام، یاد نہ رہا
جو دل میں نقش تھا، وہ نام یاد نہ رہا

ہزار خواب بنے، اور بکھر بھی گئے
مگر جو لمحہ تھا حاصلِ انجام یاد نہ رہا

جو حرف چھوڑ گئے تھے لبوں پہ آرزو
وہ بے ڈھنگ سا کوئی پیام یاد نہ رہا

یہ گردشوں کا عجب کھیل ہے زمانے کا
کہ طارق، اپنی زیست کا کوئی مقام یاد نہ رہا

نہ جانے کتنے ہی حادثے ہوا میں گم ہو گئے
زبان پہ تھا جو حرف، وہی کلام یاد نہ رہا

چراغِ شام نے پھر سے عذاب چُرا لیا
ہواؤں نے بھی دل کا خواب چُرا لیا

حجابِ شب میں تھی اک روشنی گماں کی طرح
وہ نور چہرے نے شباب چُرا لیا

سرابِ زندگی، سایہ بنا ہے راتوں کا
خدا نے دل سے وہ اِک باب چُرا لیا

سوالِ عشق تھا لیکن ملا نہیں جواب
جو دل میں تھا وہی عذاب چُرا لیا

ثوابِ عشق کا انجام کیا ہوا جناب
کہ عاشق سے اُس کا اضطراب چُرا لیا

سرابِ خواب نے سب کچھ چھپائے رکھا
راتوں نے چراغِ شام کو جلائے رکھا

وہ جو سایہ تھا، اک راز کا پیامبر تھا
چاندنی نے مگر اس کو چھپائے رکھا

مسافتوں کی تھکن نے وجود کو سہا
ہواؤں نے نقشِ قدم کو مٹائے رکھا

گھٹا کے پردے میں روشن تھی اک حقیقت بھی
غبارِ راہ نے مگر چہروں کو چھپائے رکھا

درختوں نے بھی کچھ راز کہا، خاموش رہا
آسماں نے سنا اور خدا، خاموش رہا

سمندر چیختے ہیں، ساحلوں کو گواہی دیں
مگر ریت کا تھا جو دیوتا، خاموش رہا

پہاڑ بولتے ہیں، سنگدل ہیں پھر بھی
مگر یہ زُلفِ یار کا ڈسا، خاموش رہا

سفر میں راہ بھی ہوتی ہے کبھی راہ نما
مگر جو ہمراہ تھا وہ راہنما، خاموش رہا

ہزار رنگ ہیں دنیا کے، بے شمار ہیں مگر
یہ داغ داغ تصاویر، شرمسار ہیں مگر

چراغ لمحوں میں بجھتے ہیں، یہ فسانہ ہے
فضا میں درد کی خوشبو برقرار ہے مگر

زمانہ گزر گیا خامشی کی قید سے
یہ شہرِ خواب اب بھی بے قرار ہے مگر

ہم بھی فریب کھا گئے وفا کے کھیل میں
دلوں کی دنیا میں سب کچھ عیار ہے مگر

ہزار کوششوں کے باوجود بھی قائم رہا
گماں کا دائرہ موجود، اختیار ہے مگرر

وہ اک خیال سا تھا، آشکار نہیں تھا
سفر تھا روشنی کا، ہمکنار نہیں تھا

سکوتِ شب میں جو گونجی تھی کوئی آواز
مگر یہ سازِ جنوں، سازگار نہیں تھا

چراغِ درد جلا تھا مگر سرِ محفل
وہ روشنی کا تھا، اعتبار نہیں تھا

ہزار خواب تھے خوابیدہ شہرِ افکار میں
مگر سراب کا کچھ بھی شمار نہیں تھا

مشکلوں سے ڈھونڈے ہم نے سکون کے پل
لیکن یہ دل کا نگر خوشگوار نہیں تھا

وجود و عدم کے درمیاں سفر کرتے ہیں
ہم آئینے کو سوالات سے زیرِ ڈر کرتے ہیں

حقیقتوں کی تجلی میں دھوپ جلتی ہے
سو ہم سراب کے سائے میں گھر کرتے ہیں

کہاں حقیقت و افسانہ ہم سے مل پائیں
ہم اپنے خواب کو تعبیر سے سر کرتے ہیں

جو اک خیال کی گہرائی میں چھپا ہے راز
قلم سے اس خیال کو نشر کرتے ہیں

یہ زندگانی کی دوہری زباں کا عالم ہے
ہم سکوت کو آواز سے تر کرتے ہیں

اشکوں کے سائے میں، دل کا سفر اداس تھا
ہر سانس بوجھل، خیالوں کا شہر اداس تھا

رستے تھے خاموش، اور یادوں کی دھند تھی
دل کا ہر اک نگر، بے خبر اداس تھا

خوابوں کی بستیوں میں، بس درد کی صدا
تیرے بغیر، ہر ایک منظر اداس تھا

چاہت کی راہوں میں، بچھڑے ہیں ہم
یوں لگ رہا ہے، جیسے نگر اداس تھا

وقت کے ہاتھوں میں، دل کی کتاب تھی
اور اُس کے ہر ورق پر، قمر اداس تھا

طارق کی شمع بھی جل کر بجھ گئی
اُس قلم کا ہر اِک شعر اداس تھا

گریۂ غمِ دوراں اے جاں، شب و روز میرے آگے
ہے فقط حسرتوں کا ساماں، شب و روز میرے آگے

بیس برس میں، اس طفل کو بڑھاپے نے آن گھیرا ہے
درد مگر ہوتا ہے جواں، شب و روز میرے آگے

چند بوسیدہ کاغذوں کا مکاں، رہائشی ہیں چند اشعار
سجا رہتا ہے قافلہ گماں، شب و روز میرے آگے

اندھیرے میں بھی جلتی ہیں، یادوں کی یہ قندیلیں
بناتی ہیں اپنے نشاں، شب و روز میرے آگے

ماضی کے دریچوں سے، جھانکتی ہوئی تنہائی
ہے بکھرتی یادوں کا سماں، شب و روز میرے آگے

اِک بند گلی کے موڑ پر، میرے خواب بکھر گئے طارقؔ
چلتا رہا وہم کا دھواں، شب و روز میرے آگے

یہ اعزاز تو حاصل ہو کہ اُسکی زُلفوں کا جُزء ہوں
گہرائی اے تاریک کاری کا سلسلہ تو ہو۔

تمثال جاذبیت اُس کا عکس ہے یاں جمالِ آئینہ
ٹوٹے آئینہ اے چشم کوئی سانحہ تو ہو۔

کوئی رابطہ، سرگوشی، سرسراہٹ دل کی وادی میں ہو
تہہِ غم، راحتِ دل، محبت کا سلسلہ تو ہو

یہ ادائے سادگی کہ ہو حسرت ور جہاں سارا
اُسے پُکار اجائے، کوئی مُدعاوائے دیوانہ تو ہو۔

کیا ہے وہ مہتاب، شب کو جو ہو روشن
جلے جو اُس کا کل کے صدقے ایسا کوئی پروانہ تو ہو۔

الجھنوں سے قتال کرے ہے مُسکان اسکی
روبروئے بسمل کرے پریشاں، کوئی وسوسہ تو ہو

وہ جو چہرے پہ مسکراہٹ کا نور تھا
دل کے اندر وہی تو ایک غم کا دور تھا

جن کو ہم نے سمجھا تھا رازدارِ دل
ان کے لبوں پہ کبھی نامۂ طور تھا

ہوائیں لے گئیں سب خواب میری آنکھوں سے
کبھی دل کا ہر اِک گوشہ محوِ سرور تھا

وقت نے جو لکھا تھا قصۂ گمنامی
اسی کے رنگ میں چھپا ہر ایک غرور تھا

طارقؔ نے جب دیکھی آئینۂ زندگی
ہر طرف سے بکھرا ہوا یہ اک فظور تھا

دل کی بستی میں تیرگی کا تھا پہر رواں
ہر ایک لمحہ بے بسی کا تھا قہرِ رواں

ارماں تھے صحنِ دل میں بکھرتے ہوئے
ٹوٹتا ہر خیال جیسے ہو زہرِ رواں

زندگی کے سفر میں سایۂ غم کا ساتھ تھا
ہر قدم پر درد کی تھی ایک لہرِ رواں

چاہ تھی روشنی کی، پر جہاں سیاہ تھا
بجھتا ہر اک چراغ جیسے ہو شہر رواں

طارقؔ نے چاندنی سے رات کو سجا لیا
تھامے ہوئے تھا دل کا وہی زخم کہرِ رواں

یادوں کی خوشبو میں، تیری بات ہوتی ہے
ہر لمحے تیرے قرب کی، سوغات ہوتی ہے

چاندنی راتوں میں، تیری چاہت کا رنگ
دل میں بسا ہے، ایک رات ہوتی ہے

تیرے لمس کا احساس، جاگتا ہے ہر پل
یہی تو ہجر زادوں کی، مات ہوتی ہے

نگاہوں کی مستی میں، چھپا ہے پیار ترا
آنکھوں کی چمک میں، ملاقات ہوتی ہے

تاروں کی چھاؤں میں، ہم ملتے ہیں جب
کٹتے ہی دکھوں سے، نجات ہوتی ہے

طارقؔ تجھے بھی چاہا تھا کبھی کسی نے؟
کیوں ہر بار ہدف پہ، تیری ذات ہوتی ہے

حرمین طارق

ہر لمحہ تیری یاد کا احوال لکھ رہا
دل کے ورق پہ حسرتوں کا جال لکھ رہا

تیرے بغیر شہر کی رونق بھی ماند ہے
خلوت میں تیرے حسن کا جمال لکھ رہا

حیرت میں ڈوبی ہر نظر، تجھ کو دیکھ کر
آنکھوں کے لمس سے تیرا جلال لکھ رہا

یادوں کی سرزمین پہ پھرتا ہوں رات بھر
پلکوں کے ساحلوں پہ، میں وصال لکھ رہا

چراغِ شام کو ہم بے حضور کرتے ہیں
فریبِ ظلمت پہ مُہرِ ظہور کرتے ہیں

جفاؤں کے ہیں طلب گار ہم تو مدت سے
یہ زہر نوش، لبِ عطور کرتے ہیں

گماں کا دشت ہے آباد وحشتوں سے مگر
سفرِ غبار ہم عادتاً عبور کرتے ہیں

طلسمِ خواب و خیال و سراب باقی ہیں
اِسی سراغ سے دل میں شعور کرتے ہیں

فریبِ سایہ و رنگت کا اک تماشا ہے
سو اپنے درد کو دشت میں دور کرتے ہیں

وہی خموش نگاہوں میں شور کرتے ہیں
جو دردِ دل کو قلم سے غیور کرتے ہیں

ہمیں جو زخم عطا ہو، دعا میں ڈھل جائے
شاعر اپنے ستم کو ذرا مسرور کرتے ہیں

سنا ہے خاک سے اُبھرا ہے اک طارقؔ بھی
سو خاکِ رہ کو ہم پرورِ غرور کرتے ہیں

نظر کی چوٹ سے دل کا زوال کافی ہے، سو ہم
اہلِ حُسن سے دل کا سودا ضرور کرتے ہیں

دردِ سبھی جب ہمیں آزمانے لگے
رونے بیٹھے تھے ہم مسکرانے لگے

جن کا بوجھ اٹھائے مجھے زمانے ہوئے
وہی فرشتے میرا احاب دِکھانے لگے

یہ دنیا ہے لحد جس میں ہم اتارے گئے
محشر کر یہاں بھرپا کہ سب ٹھکانے لگے

چُوس لیں فلک سے سورج کی کرنیں بھی
غریبوں کی بستی میں مکان اونچا بنانے لگے

یہ جو چاند اِتراتا پھرتا ہے فلک پر
اس کو ہے تیری پائل میں سجانے لگے

ہمیں نہ دے دِلاسے اپنی بنائی جنّت کے
ہم تو یہاں ہیں ماں کی تصویر بنانے لگے

تیرے ہاتھوں سے بنائے ہوئے آدم مولاؔ
اپنے ہاتھوں سے ہیں خدا بنانے لگے

یہ اردو کا ہی ظرف ہے کہ طارق
تم جیسے بھی مصرعے اُٹھانے لگے

محترمہ اپنی زلفوں کے پیچ سنبھالیے
ہمارے اشعار یوں ہوا میں تو نہ اُڑائیے

جبیں ماندِ قمر رخسار پہ گلابوں کی چلمن
عاشقِ علیل کو فقط نقاب پر نہ ٹرخائیے

خمار بھری آنکھیں ہیں واللہ نرگسی ڈورے
زندگانی نیم کش ہے اسے لبوں تک تو لائیے

اِک ناگن پھرتی ہے بہشت کو چمکائے ہوئے
یہ تیرگی میرے دستِ طلب میں تو ڈالیے

نگاہِ عاشق پتھر تو ضرور چیر سکتی ہے
عکس واجبِ رقص ہے نگاہ کیسے ڈالیے

تیرے برہمن تیری گویائی سے محروم رہے
لمس نازک کلائی کا خطوط پر تو نہ واریے

ان تلوارِ تیز دھاریوں کو اور مت نکھاریے
پنکھڑیے پروانوں سے بنا، سرمہ نہ لگایے

یہ کیا محشر ہے، کہاں ہے یہ عرشِ علیٰ
جو لگانا ہے تماشہ، حجاب اُٹھا کر ابھی لگایئے

نا خالق نا شیطان کے حصے آئے
ہم تو اپنی ہی انا کے حصے آئے

دن عبادت اور رات گناہوں میں کٹی
جو بچا، صبح و شام کے حصے آئے

نا عمل پیرا ہوئے منکرِ دیں بھی نہیں
ہم نا مسلم نا کفار ہی کے حصے آئے

یہ خلق، خلق عظیم ہے مجھے کیا خبر
ہم نا اشرف ہیں نا مخلوق کے حصے آئے

عبادتیں جو منسوبِ خداوند تھیں
وہ سجدے صنم کدے کے حصے آئے

دردِ دل کہ واسطے پیدا کیے گئے
یہ مجسمے فروشی کے حصے آئے

میراثِ آدم پہ تہلتے ہوئے آدم مولا
اعمال کھولے تو جلانے کہ حصے آئے

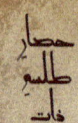

نگاہ بدنِ غیر کی لکھاوٹ پہ پھرتی ہے
اور بہنوں کہ قتل غیرت کے حصے آئے

المیہ یہ کے آسماں نوچ لائیں زمیں پر
کئی طارقؔ تماچہ قدرت کے حصے آئے

سُرخ انار لب، رُخ جان طلب، سیاہ زلف غضب
اے چشم مکیں اے حُسن صبا میری جان بچا

چنچل شوخ نظر، خَم کھاتی کمر، یہ چال شرر
اے صنم نشیں اے گلشن فضا میری جان بچا

شرابی پسینہ، کبابی سینہ، اندازِ گفتگو سُریلہ
اے زعم حسیں اے دشمنِ وفا میری جان بچا

کاندھے پر بتی، پوشاک شربتی، ہائے ادا مغربی
اے میم نگئیں اے کمسن دلربا میری جان بچا

چند خواب نِگہ باآب ہیں مگر کُن فیکون
چند بدن رقصِ سراب ہیں مگر کُن فیکون

تیرا عکس، تیرا خواب تیرا لمس، تیرا ہاتھ
سب لاحاصل اضطراب ہیں مگر کُن فیکون

یعقوب ہو اویس ہو یاں خود ہو خدا طارقؔ
عُشاق ہجرِ یار کے باب ہیں، خود مگر کُن فیکون

ہے چشم بینائی بھی، ہے راستہ صحرائی بھی
اور مفلوج سبھی اعصاب ہیں مگر کُن فیکون

سرِ منبر بازارِ مسجد میں بِک رہی ہے خدائی بھی
محض یہ اہلِ دین کے آداب ہیں مگر کُن فیکون

میں سانس لیے جاؤں تو بڑی بات نہیں
بس یونہی جیئے جاؤں تو بڑی بات نہیں

تیرے لب، تیرے بدن، تیرے رُخ کی ہر بات پر
میں غزلِ برہنہ سناؤں تو بڑی بات نہیں

الفاظ ڈُباؤں شراب میں قلم مئہ خانے کا ہو
تجھ کو سرِ ورق نچاؤں تو بڑی بات نہیں

قبائیں تراش دوں تیرے بدن کو شکل دوں
پسینہ بن ناف تک آؤں تو بڑی بات نہیں

یہ زیور، وہ گہنے پائل تو دنیاوی باتیں ہیں نہ
چاند جو بالیں میں سجاؤں تو بڑی بات نہیں

میں ہوں عجب گمان میں خدا سے بات کروں
تجھے سرِ عرش میں بلاؤں تو بڑی بات نہیں

ہمارے ہاں تنازعات کا شکار رہتا ہے چاند جاناں
تو نظر آئے میں عید مناؤں تو بڑی بات نہیں

اِک لکیر کھینچوں تیرے ہونٹوں سے کمر تلک
اور زاویوں پہ زاویے لہراؤں تو بڑی بات نہیں

اب تو جس طور بھی گزر جائے بہتر ہے طارقؔ
زندگی تیری دہلیز پہ رکھ آؤں تو بڑی بات نہیں

تیری بات جو کروں تو جلنے لگتے ہیں
الفاظ لبوں پر رقص کرنے لگتے ہیں

آدم سے لے کر مجھ تک آنکھوں والے
تجھے دیکھ کر رقص کرنے لگتے ہیں

وہ سنوارتیں ہیں جب زلفیں بے خبر
الماری، کمرہ رقص کرنے لگتے ہیں

تجھ پہ غزل جو لکھنے بیٹھیں شاعر
سر جوڑ مدہوش رقص کرنے لگتے ہیں

میخانے ڈوب گئے کہ وہ آنکھیں گلابی
جھکی اُٹھیں تو جام رقص کرنے لگتے ہیں

یہ سورج جبیں اسکی، قمر جھمکا اسکا
تشبیہ، استعارے رقص کرنے لگتے ہیں

گھڑی اس کلائی کو جو چھو جائے طارق
زمانے وجد میں رقص کرنے لگتے ہیں

ہم ہیں جو افلاس سے مارے گئے
ظاہر خوشنما، باطن سے مارے گئے

یہاں لو دید کی لگائے مضطر پریشاں
دریار سے چھٹے، معیار سے مارے گئے

چاند پشیماں آسماں سے گرنے کو ہے
چھت پہ بال سنوارے گئے، ہم مارے گئے

اُس آنکھ کی تاثیر کا نقش کھینچتے ہوئے
پلک کے بال، بال پر مصوّر مارے گئے

وہ جب شعر سنائے مدُھرے لہجے میں
محفل کے چراغ بولیں، ہائے مارے گئے

سر میرا گود انکی، نام میرا ہتھیلی انکی
ہم عاشقِ علیل اسی خواب کے مارے گئے

اب میرؔ و غالبؔ جیسے اوصاف کہاں طارق
ہم فقط ذوقِ جنوں کے ہاتھوں مارے گئے

سانس در سانس اپنی تُربت کو جا رہا ہوں
اجل سے آنکھ مِلا تیری قُربت کو جا رہا ہوں

عشق، شق، خیر و شر یہ دیر و حرم کی باتیں
یہ آتشِ زنداں کو چھوڑ پربت کو جا رہا ہوں

دِکھا خدا نہ دِکھا خدا اب زاہدوں کے چونچلے
بعد از مرگ کُھلا حجاب سو حیاتت کو جا رہا ہوں

یہ حیاتِ وصل کا قفس ہے کنجِ جگر خستہ حالی
ہجر کا لمحہ جیسے ٹوٹا جو تا سو فراغت کو جا رہا ہوں

مکاں تیرا نہ مسجد نشاں تیرا نہ کعبہ گماں تیرا اندارد
وہ تیری گلی کا فقیر سو پوجنے حضرت کو جا رہا ہوں

میں کہ ہوں بدنامِ زمانہ، تم تو پرستارِ فردوس ہو نہ
تخلیق کار ندہ کو بلاؤ طور پہ مرمت کو جا رہا ہوں

بانٹتے پھرتے ہو بہشت کو سَقر کا خوف دِلاتے ہو
خدائی میں ساجھ ہو؟ میں بھی شراکت کو جا رہا ہوں

ہمیں اُسکی تصویر دِکھائی جاتی ہے
یونہی پھر طبیعت گرمائی جاتی ہے

ہو کر روبرو کھیلیں ہیں وہ جسم کا کُل ہے
یعنی مشکل مزید بڑھائی جاتی ہے

ہو رہے جب تیرِ نظر سے گھائل جگر
تدبیر پھر اور آزمائی جاتی ہے

پرندے جب چکھ لیتے ہیں بلندی کا مزہ
پھر انہیں زمین دکھائی جاتی ہے

کرب و ملال کی دستک سبھی کی دھاک میں
ہم جیسوں کو خاص ستائی جاتی ہے

جیون بھی عجب رچنا ہے خداوند تیری
مچھلی کی بھی پیاس بجھائی جاتی ہے؟

کنول پھول ہے اور مثال زندگی کی
کہیں کی چیز کہیں بتائی جاتی ہے

بڑھاپے گنواتا ہے سبھی زمانوں کو طارق
اس واسطے گھڑی تھمائی جاتی ہے

مجھے زمانے کی روِش ظلمات سے ڈر لگتا ہے
تیر تو تیر ہیں سن، مجھے کلمات سے ڈر لگتا ہے

اُمرا کے جھوٹ بھی ہیں گلدان میں پھول کی مانند
سچ بھی غریب اگر بولے تو تہمات سے ڈر لگتا ہے

جو صاحبِ مسند ہیں خود کو قابلِ پرستش جانیں
جی ہاں! مجھے ایسی عبادات سے ڈر لگتا ہے

حیوانیت دھاڑتی پھرتی ہے ان خاکی مجسموں میں
مجھے ایسی اشراف مخلوقات سے ڈر لگتا ہے

بیٹیاں رحمت ہیں مگر اس دورِ ناتواں کے اندر
بنتِ حوا کے کردار پہ اٹھتے اعتراضات سے ڈر لگتا ہے

حباب ہے یہ دورِ جوانی سو ڈھل ہی جائیگی طارقؔ
اس میں کیے گیے اعمال کے، مکافات سے ڈر لگتا ہے

ہم بصارتوں کے کھیل کا اِک تماشہ صاحب
ہم مفاہمتوں کے دور کا اِک ردِ فیصلہ صاحب

توقعات کی جھلی آنکھوں سے اب تک اُجھل نہیں
یہ شرر بھی ہے تیرے لمس کا سراسر زمہ صاحب

کوئی کُنج ہی عطا کر اپنے زمینی وجود کا شہزادی
گو مسافتِ عشق سے نڈھال ہے بے ٹھکانہ صاحب

یہ کیا قاتل ہے کہ قتل کرے ہے بے جانوں کو
جان سے جائے تیری قمیض پہ بٹن پیوستہ صاحب

عمائد کو بھی لے بیٹھی ہے اُس کی اُٹھتی نظر
یہ بیٹھے ہیں دیوار سے لگ کر اور حالت خستہ صاحب

سنا ہے وہ استانی ہے اور بچوں کو چوم لیتی ہے
مجھے تعلیم مکمل کرنی ہے کہاں ہے مدرسہ صاحب

ہمیں جو طلب تھی جی اب نہیں رہی
تشنگی جو مسلسل تھی جی اب نہیں رہی

کوفہ والوں کی نسبت میں ساتھ رکھی
دوستوں کی یہ عنایت بھی جی اب نہیں رہی

کسی طور بھی حمایت اب مجھے نہیں قبول
مٹھاس میرے لہجے کی وہ، جی اب نہیں رہی

تمہیں سمجھائیں گے کسی روز زیست کی کہانی
پہلو میں تھی جگہ خاص آپکی جی اب نہیں رہی

چراغ کو تند ہواؤں کا، کشتی کو ٹوٹتے پتوار کا دُکھ
ہجر کا دُکھ ایسے ہے، جیسے بچوں کو گزرتے اتوار کا دُکھ

میرے حال کا ذمہ دار، حائل آسماں ہی نہ ہو کہیں
میں نہیں مانتا، خدا نہیں جانتا میرے اطوار کا دُکھ

صحن کی مٹی سے تراشا اِک صنم پھر نزرِ ہجر
بٹھا کر سامنے خدا کو میں نے سمجھایا در و دیوار کا دُکھ

جیسے چراغ کے پیندے کو رہی تمام عمر روشنائی کی تمنا
ایسے ہے مجھے حلقہ اے یار اس میں قُرب و جوار کا دُکھ

اسکے شبستان سے لوٹتے ہوئے رستے بھی سوگوار ہوئے
پھر پرندوں نے ہواؤں کے گلے لگ سنایا گھڑ سوار کا دُکھ

تیرگی کے پہلو سے اُجاگر مجھ کو میرے قلم نے کیا
لفظوں کا خزانہ ہے وجود، ہوگا جناب ہر اِک وار کا دُکھ

تم نے مجھے کھویا ہے عین جوبن پہ خزاں کے
تمہارا تو منانا بنتا ہے اے شخص! کبھی ادوار کا دُکھ

ہاں سنے مجھے میسر بزمِ ساقی میں کئی غم ہیں پھر بھی کم ہیں
بزمِ یاراں میں تجھ ہی پہ ہنستے ہائے تیرے غمخوار کا دُکھ

تیرے کرم کی بارشیں دشت کو گلستاں تو کر دیں گیں
رہے گا مگر گلستاں کو ہمارے خونِ جگر کی پھوار کا دُکھ

بڑی حسرت ہوا کرتی ہے انہیں عاشق کے کٹے سر کی
بے سر و دھڑ کی لاش کو ہے پر ننگی تلوار کا دُکھ

میں مسکراتے ہوئے گرا مصلحت یہ ہے
میرے عزیز سامنے کھڑے ہوئے تھے

میں گرا اس لیے کے اُنکا بھرم رہ جائے
جو لوگ مجھے گرانے پہ اڑے ہوئے تھے

میں نے انہیں ملایا ہے بڑی تگ و دو سے
ورنہ خامشی اور اداسی لڑے ہوئے تھے

میرے راستے میری غیرتِ مسافت کے گواہ ہیں
میرے نقشِ پا پہ کئی نگینے جڑے ہوئے تھے

وہ سانپ بھی ہمارے منہ کو آنے لگے ہیں
جو ہماری ہی آستیں میں پڑے ہوئے تھے

چراغ کو ماتھے پہ سجایا اور رقص کیا
غلام نے زنجیر کو ہلایا اور رقص کیا

ہمیں پوجتے ہیں مقتل کے ستارے سبھی
ہم نے موت کو ساتھ ملایا اور رقص کیا

میرے ہاتھ کی لکیریں مقدر کو بین کرتی رہیں
پھر پتھر دیوانے نے کھایا اور رقص کیا

اِک نابینا کو نظر آئی صورت تیری اور
اندھیروں نے راگ بجایا اور رقص کیا

آخر کو شروعات سے مات ہوتی ہے
ہم نے اوّل آخر ساتھ ملایا اور رقص کیا

زندگی کو نکھار دیتے ہیں
یہ جہنم معاش کو دیتے ہیں

ہم سادہ دلوں کو عقیدت
لوگ پسِ خاک دیتے ہیں

دورِ جوانی اور غذا کی قلت
آپ ہم کو احترام دیتے ہیں؟

اچھی پوشاک لازم ہے وگرنہ
اچھی صورت بگاڑ دیتے ہیں

مسکراہٹ کو دے طول، فن کی ریاضت بڑھا۔
عطا کر شکنِ با جبینِ حاسداں، آگ مزید بڑھا۔

کہ ٹھہر نہ جائے بستیٔ اے خراباں میں سفر
خونِ جگر پی، طور پہ نظر جما، چشم کا خُمار بڑھا

نہ تُو ہمسر ہے قیس کا نہ مجنوں ہے ہمراہ
وقت تھام یہاں زمانے کی قیمت بڑھا

نہ تو مرکز ہے پرے نہ مداروں کی بندش کا ماجرا
برق سا گر جا، پلک سا اُٹھ جا، اپنی رفتار بڑھا

تحلیل ہونے کو ہے فکرِ معاش میں زندگانی
اِک دانا اگا دانائی کا اور فی کس آمدن بڑھا

یہ رُتبے مرتبے اور صدہائے پھر قطعے طارقؔ
اِس خاک پہ لگا پیوند جاوداں اور سرور بڑھا۔

شعبدہ بازی کو کرامت نہیں کہہ سکتے ہیں
جیسے پست کو قامت نہیں کہہ سکتے ہیں

میں ہر یزید کی یزیدیت کا قائل ہوں
ہر ایمان کو اقامت نہیں کہہ سکتے ہیں

ظاہر اُٹھیک نظر آتا ہوں مگر ہوں نہیں
نیم مردہ کو سلامت نہیں کہہ سکتے ہیں

جو دل میں کینہ اور زبان پہ شیرینی رکھتے ہوں
اس اخلاص کو برکت نہیں کہہ سکتے ہیں

جس کا دل ہو سیاہ اور چہرہ ہو روشن
جھوٹے نقاب کو حقیقت نہیں کہہ سکتے ہیں

جس کے لفظوں میں ہو زہر کی تاثیر
اس کی باتوں کو نصیحت نہیں کہہ سکتے ہیں

طارقؔ دل کی روشنی سے جو محروم ہوں
ایسے لوگوں کو مغلوب نہیں کہہ سکتے ہیں

رقص کیا واہ وائی لی اور داد سمیٹی
ہم نے اپنا رونا رویا بین کیا امداد سمیٹی

تم نے جسم فروشی کی عزت بیچی نوٹ کمائے
ہم نے اپنا ماتھا پیٹا خون بہایا روداد سمیٹی

کچھ فرق نہیں ان مذہب کے ٹھیکے داروں میں
پنڈت جی نے پرشاد کمایا ملا نے رشاد سمیٹی

جھوٹی قسمیں کھائیں، وعدے کیے، خواب بیچے
ہم نے اپنے دل کی ہر حقیقت میں زیاد سمیٹی

تم نے دنیا کے بازار میں سب کچھ بیچا
ہم نے بس اپنی غربت میں فریاد سمیٹی

تم نے زخم دیے، مسکرائے، خوشیاں بانٹیں
ہم نے اپنوں سے ہی دل کی برباد سمیٹی

تم نے اپنے ہاتھوں سے مقدر سنوارا
ہم نے بس وقت کے ہاتھوں سے ایجاد سمیٹی

طارقؔ ہم نے بس یہ زندگی جبر میں گزاری
جس کو جو ملا، اُس نے وہی بنیاد سمیٹی

تشنگی کے دور میں لب لال لیے پھرتے ہو
عجب محسن ہو ہلاکت کا سامان لیے پھرتے ہو

رکھو یہاں میز پر ہاتھ انگوٹھی پہنواؤ مجھ سے
پریوں سا بدن بے سر و سامان لیے پھرتے ہو

پوشاک سجی پھولوں سے آنکھ لدی کاجل سے
کس کس کے قتل کا ارمان لیے پھرتے ہو

ہم تو رہ گئے بے اماں بے مدعا
نہ جانے تم کس کا نقصان لیے پھرتے ہو

سنگ دل، بے رحم، اور غمگین نظر آتے ہو
کیوں دل میں چھپا کوئی طوفان لیے پھرتے ہو

تمہارے لبوں سے نکلتے ہووں کی قیمت ہو
اور تم ہو کہ گلی گلی بیان لیے پھرتے ہو

کیا تھا وعدہ محبت کا، بھول گئے ہو
جواب غیروں کا احسان لیے پھرتے ہو

تخلیق کو عشق کی زد میں آنے دے ذرا
یہی بُت تجھے شاہکار لگے گا

کوئی سیاہی تھما مجھے صحنِ تنہائی کی
یہی واویلا تجھے غم خوار لگے گا

لبوں کی ملامت پر نہ دِل پھینک ہو جا
یہ شیریں گُل تجھے خار لگے گا

ہاں میری جاں تجھے ہر بار لگے لگا
یہ عشق تجھے پُر اسرار لگے گا

یہ میں ہوں تحریر میں روتا ہوا
یہ بچہ تجھے لفظی بیمار لگے گا

میں جن زاویوں پہ گزار رہا ہوں حیات
دیکھنے والوں کو یہ طفل بیزار لگے گا

سبھی طرح کے سانحے جھیلا ہوں
میرا چہرہ تجھے اخبار لگے گا

قلم کو چاہنا، ورق پہ احساس نچانا
یہ ادب تجھے بیکار لگے گا

حدتِ جذبات کو جھیلا ہوں
مجھے تو سورج بھی سایہ دار لگے گا

ایسے تراشی گئی ہے تیری تصویر
کہ عکس بھی تجھے دیدار لگے گا

یہ پُرکشش رُخ، لب سُرخ، عُمر جواں
تجھے یہ ہمیشگی کا اقدار لگے گا

جس روز اُٹھے گا یہ حجابِ زعمِ رعنائی
حُسن والوں کو ہر آئینہ داغ دار لگے گا

اب وہ جتنا بھی میسر ہو جائے طارقؔ
میری آنکھوں کو قلیل مقدار لگے گا

کوئی لمس اتنا با اثر کیسے ہو سکتا ہے
اِک شعلہ اتنا با شرر کیسے ہو سکتا ہے؟

پور انگلیوں کے تیرے وجود سے ناواقف
کوئی ہاتھ اتنا بے اثر کیسے ہو سکتا ہے؟

کل کی آندھی آنکھوں کا نور لے گئی ہے
کوئی آنچل اتنا با ضرر کیسے ہو سکتا ہے؟

تھام کے رکھو یہ تھاپ کہ ابھی رقص
گماں کی محفل میں مقرر کیسے ہو سکتا ہے؟

خیال کے پردے میں چھپی ہوئی کوئی بات کا
میرے دل پہ اتنا اثر کیسے ہو سکتا ہے؟

جو رات کی تنہائی میں رہ گیا ادھورا
خواب دن کی روشنی میں بسر کیسے ہو سکتا ہے؟

اندھیری راہوں میں چراغ جلتے ہی بجھ گئے
کوئی نور اتنا بے خبر کیسے ہو سکتا ہے؟

شعور آگیا ہے بد تمیز ہو گئے ہیں
خدا سے بڑھ کہ بت عزیز ہو گئے ہیں

نئی نسل میں نیا ہی رواج رائج ہے
جتنے پاک ہوں اتنے غلیظ ہو گئے ہیں

نظام مے کدہ بگڑ ہوا ہے
معالج خود مریض ہو گئے ہیں

میں اب سمجھا مکافات عمل کو
صاحبِ مسند فقیر ہو گئے ہیں

دعوے تھے اعلیٰ ظرف ہونے کے
وہی لوگ آج بے ضمیر ہو گئے ہیں

وقت کے ساتھ ساتھ بدل گئی ہے حقیقت
جو کبھی سچے تھے، اب وہ جھوٹے پیر ہو گئے ہیں

انسانیت کا درس دیا کرتے تھے جو
اب وہی، کردارِ حقیر ہو گئے ہیں

طارقؔ یہ کیسے رنگ ہیں گردشِ ایام کے
جو روشن تھے، وہی بے نظیر ہو گئے ہیں

پیشانی پہ محراب محورِ سراب سجا رکھا ہے
آلودہ بدن پہ، عمدہ لباس سجا رکھا ہے

بظاہر تو ناصح ہم سے بہتر نہیں کوئی بھی
باطن میں منچلی خواہشوں کو بسا رکھا ہے

کسی پہ وبالِ جاں ہو، مگر تم کو اس سے کیا
تم نے تو دانتوں تلے لب، دبا رکھا ہے

تتلیاں اس کے گھر کا طواف کرتی ہیں
اُس باغباں نے پیکرِ گلدان سجا رکھا ہے

وہ چاہتے ہیں کہ مقتل سا تماشہ لگے
اس واسطے سرِ چشم سرمہ لگا رکھا ہے

اسکی تراش خراش کی مانگی گئی ہے مثال
گلاب کو چاندی کے تھال میں سجا رکھا ہے

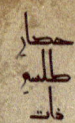

ہم جیسے دلبروں کو دوہرے نشوں کی عادت ہے
اک تیری تصویر کو، وہ بھی چپائے پہ سجا رکھا ہے

وصل کی فرصت کہاں ہے محبوبِ خاص کو
ورنہ ہم نے تو سرِ عرش خد آبلار کھا ہے

طارقؔ پہ بڑے کُرب سے گزری ہے شبِ فراق
تھکن بستر پر، بدن تیری یاد میں لگا رکھا ہے

ہمارے پہلو میں کئی سانپ بیٹھے ہیں
دنیا کا کہا سنوں تو احباب بیٹھے ہیں۔

ہماری نظر پہ ورد ہے اِک طلسم کا
ہم تو کھڑے ہیں کہ آپ بیٹھے ہیں

نزاع کی مجال کہاں کہ وہاں تک آ پہنچے
جس بیمار کے سرہانے آپ بیٹھے ہیں

اُس محفل کا کلام حُسن تھا جو نہیں رہا
اب حاصل کلام ہے کہ آپ بیٹھے ہیں

آپ کے چراغ پہ بھلا جلتا ہے کس کا چراغ؟
کون حسیں آئے گا یہاں کہ آپ بیٹھے ہیں

اشک گر کر گالوں سے لپٹ گئے
خوں کے چھینٹے تیروں سے لپٹ گئے

یہ کس شجر کے زیرِ سایہ آگیا ہوں میں
چرند پرند ہاتھوں سے لپٹ گئے

سچ کی راہ میں کانٹے بچھا دیے کسی نے
ہم تو وہ ہیں جو کانٹوں سے لپٹ گئے

لمحوں کی اذیت میں گزری ہے یہ زندگی
وہی لمحے جو یادوں سے لپٹ گئے

خزاں کی رت میں پتے بکھر گئے تھے
مگر کچھ زرد لمحے شاخوں سے لپٹ گئے

طارقؔ، یہ کیا ہے تیری قسمت کا فیصلہ
پتھر آئے اور زخموں سے لپٹ گئے

تھپکی دیتا نہیں کوئی آسمان کو
لوری سناتا نہیں کوئی سماں کو

تصویروں میں ڈھونڈتے ہیں ہمیں
اور ٹٹولتا ہی نہیں کوئی گماں کو

دریا کی طرح بہتا ہے زندگی کا سکون
پر تھامتا نہیں کوئی اس کارواں کو

چراغ کی لو میں پنہاں ہیں تخیل کے خواب
پر جھانکتا نہیں کوئی اس مکاں کو

ہر قدم پر کندہ ہیں وقت کے آثار
پر پڑھتا نہیں کوئی اس داستاں کو

یادوں کی بازگشت سنائی دیتی ہے ہر پل
پر سنتا نہیں کوئی اس فغاں کو

طارقؔ، کہاں کھوئے ہیں یہ خوابوں کے مکیں
دیکھتا ہی نہیں کوئی نظروں کے جہاں کو

حرمین طارق
حصارِ طلسمِ ذات

تیرے ہی ترکش کی خوشبو ہے لہو میں
اب کے تیر کلیجے میں برابر آن لگا ہے

گردشِ ارض کی مسرور روانی کہ آپ ہیں رقصاں
جیسے گھنگرو سینۂ اے خاک پہ آن لگا ہے

دائیں جانبِ رُخسار گندمی تل کا وجود
دولتِ حُسن پہ کڑا دربان لگا ہے

ہم ہی پہ آزماؤ جوبن کہ سبھی ہتھیار
اُسی ٹھکانے پہ نظروں کا جہاں بان لگا ہے

چاند کی روشنی سے چہرے کو تراشا
سحر کے ماتھے پہ تیر انشان لگا ہے

خواب کے آئینے میں تیری جھلک دیکھی
ہر منظر پہ تیرا ہی گمان لگا ہے

سانسوں میں تیری مہک کو سمونا چاہا
دل کی ہر دھڑکن میں ایک طوفان لگا ہے

تیری یادوں کا حصار باندھا دل نے
پہرے پہ میری آنکھوں کا نگہبان لگا ہے

اُٹھایا گیا ہم ایسوں کو پارساؤں کی محفل سے
جام چھنکائے گئے پھر خُلد کے نام پر

جولانیٔ جذبات نے چھینا پیمانہ بھی
خدا سے مانگی گئی صراحی پھر رِند کے نام پر

عقل والے بھی ہوئے تابع مئہ پرستوں کے
شیخ جی کو چاہیے شراب پھر خِرد کے نام پر

کم ظرف رند اس پہ یہ کم ظرف ساقیٔ مے کدہ
کہ جلوہ شباب انکو چاہیے پھر حد کے نام پر

حالتِ حال کو نکھار املال نے ملامت سے
کاسہ اے نم اُنڈیل دے پھر درد کے نام پر

گردِشِ خوں سے مسرور ہوئے نرگسی ڈورے
الجھ پڑا ہے جمال مئہ سے پھر ضد کے نام پر

بھوک ترِکھٹ کو ساز، آلاپ بناتی گئی
جسم رقاصا کا ناچنے لگا پھر گِد کے نام پر

یہ کیا غبارِ رہ ہے یہ کیا ہے جو کر رہا ہوں میں
دنیا فقط دنیا کا ہی ہے ورد، جو کر رہا ہوں میں

تیری آنکھ میں سمٹے ہوئے موتی ہیں اے کمسِن
تو ضبط کر رہا ہے، کبر ہے، جو کر رہا ہوں میں

تم ہی سے سیکھنا ہے مجھے توازن کا یہ کمال
تو خوب کر رہا ہے، غنیمت ہے جو کر رہا ہوں میں

یہ خاک ہے میری جو رہگزر پہ بکھر گئی
اپنے احوال کا پیچھا ہے، جو کر رہا ہوں میں

ہر خواب کی تعبیر میں ڈھونڈا تجھے مگر
گماں تھا مجھے کہ خود کو گمراہ کر رہا ہوں میں

یہ جستجو کا سفر ہے میرا منزلوں کی طرف
بس اپنی راہ سے خود کو الجھا رہا ہوں میں

تیری نگاہوں کے آئینے میں جو عکس ہے
بس اسی حقیقت کو جھٹلا رہا ہوں میں

طارقؔ جو سوچتا تھا کہ سمجھا ہے رازِ حیات
منزل پہ پہنچ کر ہوا معلوم ابتدا کر رہا ہوں میں

اوصافِ الٰہی میں سے ہے عشق باجانب ہونا
نقل پروردگاری ہے ہمارا، تمہاری جانب ہونا

اِک جانب دل ہے اِک جانب ہے واعظ
حکمِ خداوند ہے عشق میں، دل باجانب ہونا

عقل والوں کا فلسفہ ہے ترکِ لمس کا سخت
عُشاق کا مذہب ہے لمس یار باجانب ہونا

عقیدت اور عقیدے کا فرق ہے محض بال برابر
عقیدت جانبِ شرک، عقیدہ ہے حق باجانب ہونا

دلِ پُر خلش، دلِ پُر امید میں ڈھل گیا جب سُنا
سب کا ہونا تیری جانب خدا کا، میری جانب ہونا

عبادت کا سلیقہ بھی ہے شاملِ نصابِ عشق میں طارقؔ
صورت تہہ آئینہ دالانِ قلب، قبلہ، رخِ یار باجانب ہونا

مثلِ کتاب تھے ہم تو تمہارے واسطے
بتا رہے تھے یہاں سے خراب ہیں ٹھیک کر

لذتِ فراق میں ہوئی پہلے رات سیاہ ترین
پھر دن بھی کہنے لگا مجھے، اب تاریک کر

ہے یہ قافلہ اے رِند، طرزِ کلام عشق ہے
سو کاسہ آئے خرد کو طارقؔ، اور باریک کر

مرگ، وصال و کمال کا آخری پُل صراط ہے
حیات درمیاں سے ہٹ نہ مِلن کی تضحیک کر

پنجابی غزلیات

اے عشق کھیڈ اوّلے پنگے دا اے
اے تیڈے نہ اے میرے پنگے دا اے

عشق نے تیری ذات نوں کھا جانا ای
اے کم ازلوں گونگے بہرے آنے دا اے

کدی نہ نیتی نماز ای پڑھی جاندے آں
بیبا آسارا کھیڈ عشق مصّلے دا اے

تے کمیناں نوں کمین جچدی سُنکھے مُکھڑے وے
آج دی محبت تھوا اے کم جسم ننگے دا اے

دل دے دل وچ ہاڑے رہ گئے
اتھرو ساڈے کنوارے رہ گئے

مُل نہ پایا سجناں سنگاں دا
چبارے ساڈے چن تارے رہ گئے

اوکھا سوکھا ساہ وی بھر لیندا
سُپنے جوانی دے وچالے رہ گئے

دکھ وچ رکھ سر تے ٹوکر چُکیا
ہجے ماں پے یار وی سارے رہ گئے

محبتاں عشق رہ گئے ادھ ادھورے
اسی رباحالات دے مارے رہ گئے

اِتھے وِکن بزارے رحمتاں رب دیاں
جہیز توں کئی حُسن پیارے رہ گئے

کچے مکانی نہ لبن وفاواں اِتھے
بِن عنرضوں قبرستان یرانے رہ گئے

وسدے آں ہُن اُچ محلاں دے اندر
ہیٹھ اُجڑے ننگے ہمائے رہ گئے

شہر دے رچدا اکھیڈ جناکی جِسماں دا
پگڑے بزرگاں دے وِچ بزارے رہ گئے

پُت کرن عاشقیاں اُڈ گئے پردیساں نوں
پِنڈ اماں دے کنگن صندوق سانبھالے رہ گئے

آتھک دے ذائقہ حوراں دا طارقؔ
شیشہ ویکھ کم ذاتا خارے رہ گئے

وانگ چُوڑیاں ہیج جگایئے فر سر وچ کھیہ پوایئے
چل بن کنجری یار منایئے فر سر وچ کھیہ پوایئے

اے حُسن اے ازلوں پکھ دی اگ وے بیبا
اس شکنجے جان پھسایئے فر سر وچ کھیہ پوایئے

چُوٹھیاں دے کوٹھے اُچے تے چبارے جگ مگ
لیر و لیر ہوے پر سچ اکھوایئے فر سر وچ کھیہ پوایئے

اُٹھیا مستی تے دَر دَر پہ تُھکے جبیویں بُقل رب نیا
رگڑ کے متھا کر نو جایئے فر سر وچ کھیہ پوایئے

دِل دے کورے ورقے تے لکھ محبوبا گیت سنہڑے
چُھمے، چَٹّے تے مکیوں ہو آیئے فر سر وچ کھیہ پوایئے

میل نہ لگدی کُرتے سوہنے تے مُلا، صوفی بلوایئے
طارقؔ اندروں کُتی ذات وکھایئے فر سر وچ کھیہ پوایئے

نظمیں

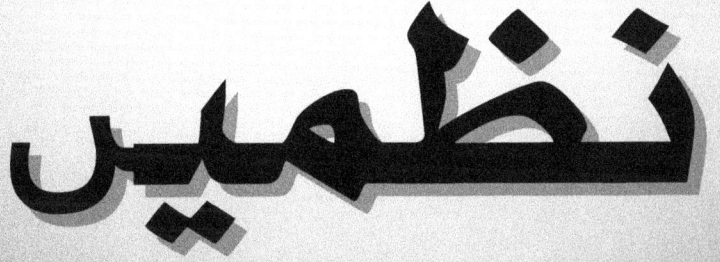

حصارِ طلسمِ ذات

ایک حصار ہے
جو مجھے میرے آپ سے دور رکھتا ہے
ایک طلسم ہے
جو میری ذات کو میرے سامنے دھندلا کر دیتا ہے
میں دیکھنا چاہتا ہوں
اس پردے کے پیچھے کیا ہے
مگر ہر بار
یہ طلسم اور بھی گہرا ہو جاتا ہے

یہ ذات کا حصار
مجھے اپنے ہی اندر قید کر لیتا ہے
جہاں سوالات ہیں
مگر جوابات کی کوئی گنجائش نہیں
ہر خیال
ایک نیا راستہ دکھاتا ہے

مگر وہ راستہ
کہیں نہیں جاتا
صرف گھومتا رہتا ہے
اسی حصار کے گرد

کبھی کبھی
میں سوچتا ہوں
کہ کیا میں خود اس طلسم کا حصہ ہوں؟
یا یہ طلسم
میری ہی تخلیق ہے
جو میری حقیقت کو چھپاتا ہے
اور مجھے ایک ایسی دنیا میں قید کرتا ہے
جہاں میں خود کو کبھی مکمل نہیں پا سکتا

یہ حصارِ طلسمِ ذات
مجھے میری حقیقت سے جدا رکھتا ہے
میں جاننا چاہتا ہوں

کہ اس کے پیچھے کیا ہے

مگر شاید

یہی میرا امتحان ہے

یہی میری تلاش

یہی میرا جبر

اور شاید

یہی میری نجات بھی

جب یہ طلسم ٹوٹے گا

تو کیا میں آزاد ہوں گا

یا پھر

ایک نئے حصار میں قید ہو جاؤں گا؟

یہی سوال

میری زندگی کا حصہ ہے

اور شاید

اسی سوال میں میری ذات کی حقیقت پوشیدہ ہے۔

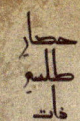

آئینے کے پار

آئینے کے پار کی دنیا، ہے یا فریبِ نظر چمکتے عکس، جھوٹے نقوش، سب ہیں بکھرے ہوئے کردار

ہر چہرہ جو سامنے ہے، شاید وہ بھی حقیقت نہیں روشنی کے پردے کے پیچھے، چھپی ہے تاریکی کی دیوار

نظروں کی قید میں ہے اک جھلک، جو دکھتی ہے صاف مگر دل کی گہرائیوں میں، چھپی ہیں کچھ اور حقیقتِ یار

جو سچ ہے وہ چہرہ کہاں ہے، جو سامنے نہیں آتا یہ آئینہ بھی دھوکہ دیتا ہے، بن کے اک پرکار

جھوٹے لمس کی گرمی میں، کیا ہم نے خود کو گم کیا یا آئینے کے پار ہے کوئی اور دنیا، جو ہم سے بہت بیزار

یہ جستجو بھی عجیب ہے، یہ تلاش بھی لاجواب
حرمین، اس آئینے کے پار کی دنیا، ہے یا اک خوابِ پُر اسرار

خوابوں کا سفر

یہ خوابوں کا سفر ہے، نہ جانے کس طرف جائے
کہ ہر لمحہ نیا رنگ دکھائے، ہر گزر سے گزرتا جائے

دل میں اک امید کی شمع جلے، روشنی کی نوید لائے
مگر راہوں میں اندھیرے ملیں، جو خوابوں کو بھٹکائے

یہ زندگی کی راہ ہے، جو مسلسل ہمیں آزمائے
کہ ہر پل کا یہ قصہ، ہمیں سچائی سے آشنا کرائے

نہ جانے کتنے موڑ آئیں، نہ جانے کتنی راہیں بدلیں
مگر خوابوں کا یہ سفر، ہمیں ہماری منزل دلائے

یہ سفر رکتا نہیں، یہ سفر تھمتا نہیں
کہ ہر لمحہ ہمیں اپنی حقیقت کا راز بتائے

یہ خوابوں کا سفر ہے، نہ جانے کس طرف جائے
کہ ہر لمحہ نیا رنگ دکھائے، ہر گزر سے گزرتا جائے۔

حرمین طارق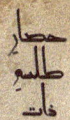

خوابوں کا بوجھ

خواب بھی ایک بوجھ ہے
جو ہمارے دل پر رکھ دیا جاتا ہے
ایک امید کے ساتھ
مگر جب یہ خواب
حقیقت میں نہیں بدلتے
تو یہ بوجھ
ہمارے دل کو دبا دیتا ہے
اور ہم
ان خوابوں کے نیچے
دب کر رہ جاتے ہیں
ہماری زندگی
ایک بوجھ بن جاتی ہے
اور ہم
اس بوجھ کو اٹھاتے ہوئے
اپنی آخری سانس تک
صرف ایک خواب کی تلاش میں رہتے ہیں
جو کبھی پورا نہیں ہوتا۔

حرمین طارق

زندگی کا تماشا

زندگی ایک تماشا ہے
جہاں ہم سب
اپنے اپنے کردار ادا کرتے ہیں
مگر جب پردہ گرتا ہے
تو سب کچھ بدل جاتا ہے
نقاب اُتر جاتے ہیں
چہرے بے نقاب ہو جاتے ہیں
اور ہم
اپنی حقیقت سے واقف ہو جاتے ہیں
مگر اس وقت تک
تماشہ ختم ہو چکا ہوتا ہے
اور ہم
اپنی یادوں کے بوجھ تلے دب کر
خاموش ہو جاتے ہیں۔

حرمین طارق

ضمیر کا سوال

❋ ❋ ❋ ❋ ❋

ضمیر ایک سوال ہے
جو ہر رات، ہر خواب میں
ہر سوچ، ہر خیال میں
ہم سے پوچھتا ہے
کیا ہم وہ ہیں
جو ہمیں ہونا چاہیے تھا؟
یا ہم وہ ہیں
جو ہمیں بننا پڑا؟
یہ سوال
ہمیشہ زندہ رہتا ہے
اور ہمیں کبھی سکون نہیں دیتا
کیونکہ ضمیر کا سوال
کبھی ختم نہیں ہوتا
یہ ہمیشہ ہمارے ساتھ رہتا ہے
ہماری ہر سانس میں، ہر لمحے میں

حرمین طارق

غربت کا چہرہ

غربت کا چہرہ
کبھی آنکھوں میں آنسو بن کر
کبھی ہاتھوں میں خالی پیالہ بن کر
کبھی جسم پر بوسیدہ کپڑوں کا بوجھ
اور کبھی پیٹ میں بھوک کی تڑپ
یہ چہرہ
کسی کو نظر نہیں آتا
کیونکہ یہ صرف ان کی آنکھوں میں نظر آتا ہے
جو خود اس چہرے کا حصہ ہیں
جو اس کا درد جیتے ہیں
اور ہر دن
اپنی غربت کی داستان لکھتے ہیں

روح کی تڑپ

روح کی تڑپ کو کون سمجھے گا؟
وہ جو دنیا کے شور میں دب جاتی ہے
وہ جو خواہشات کے بوجھ تلے مر جاتی ہے
وہ جو کبھی عشق میں جلتی ہے
اور کبھی نفرت میں
کیا یہ تڑپ ہماری اپنی تخلیق ہے
یا یہ دنیا کا دیا ہوا زخم؟
کیا یہ ہمارے اندر کی گونج ہے
یا یہ صرف ایک صدا ہے
جو کبھی جواب نہیں پاتی؟

حرمین طارق

سماج کا فریب

﷽

سماج نے ہمیں خواب بیچے
خواب جو حقیقت میں نہیں بدل سکتے
رنگ برنگی تصویریں دکھائیں
جو کبھی مکمل نہیں ہو سکیں
اور ہم
اپنی تمام زندگی
اس فریب کے پیچھے بھاگتے رہے
یہ سمجھتے ہوئے
کہ شاید ایک دن
یہ خواب حقیقت بن جائیں گے
مگر
آخر میں
ہمارے پاس کچھ نہیں رہتا
صرف وہم اور دھوکہ

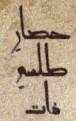

انسان کی حقیقت

یہ کیا انسان کی حقیقت ہے
ایک مٹی کا پُتلا، جس میں خواہشات کا طوفان
محبت کا کھیل، نفرت کی آگ
ایک لمحہ مسکراہٹ کا، ایک لمحہ آنسوؤں کا
اور پھر
ختم ہو جاتا ہے
سب کچھ ختم ہو جاتا ہے
ایک سرد لاش
جو زمین کی گود میں جا کر سو جاتی ہے

خود کلام

میں خود سے باتیں کرتا ہوں
خاموشی کے اس سمندر میں
جہاں کوئی اور آواز نہیں
صرف میری سوچوں کی بازگشت
جو ہر دیوار سے ٹکرا کر
مجھے واپس ملتی ہے
یہ خود کلامی
ایک سفر ہے
جو اندر کی گہرائیوں میں لے جاتا ہے
جہاں سوالات اُبھرتے ہیں
مگر جوابات کی گنجائش نہیں

حصارِ طلسمِ ذات

حرمین طارق

میں خود سے باتیں کرتا ہوں
اپنے خوابوں کے بارے میں
جو کبھی حقیقت کا روپ نہ لے سکے
ان خواہشات کے بارے میں
جو دل کے کسی گوشے میں دفن ہو گئیں
مگر یہ خود کلامی
مجھے وہ سب کچھ سناتی ہے
جو کبھی کہا نہ جا سکا
جو کبھی سمجھا نہ جا سکا

یہ خود کلامی
ایک آئینہ ہے
جس میں میری ذات کی تصویر نظر آتی ہے
ایک عکس
جو وقت کی گرد میں دھندلا گیا
مگر جب میں خود سے بات کرتا ہوں
تو وہ عکس
صاف ہو جاتا ہے
اور میں
اپنے آپ کو نئے سرے سے پہچانتا ہوں

حرمین طارق

میں خود سے باتیں کرتا ہوں
ان لمحوں میں
جب دنیا کی آوازیں مدھم پڑ جاتی ہیں
اور صرف میری آواز
میرے کانوں میں گونجتی ہے
یہ خود کلامی
ایک سکون ہے
جو میرے دل کو راحت بخشتا ہے
ایک سفر ہے
جو کبھی ختم نہیں ہوتا
اور میں
اس سفر میں ہمیشہ
اپنے آپ سے ہم کلام رہتا ہوں۔

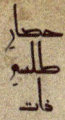

حرمین طارق

اُس کی کمر اور زاویوں کا جادو

اُس کی کمر
ایک نرم لہراتا ہوا جادو
جیسے چاندنی رات میں دریا کی موجیں

جہاں ہر زاویہ
ایک نیا خم
ایک نئی کہانی
جو نظروں کو باندھ کر رکھ دیتی ہے

اُس کی کمر کا ہر خم
ایک مہکتا ہوا انداز
جو دل کو بے خود کر دیتا ہے
جیسے ایک نرم سا لمس
جو روح کو چھو جائے

کمر کا وہ نازک سا جھکاؤ
جیسے ریاضی کے نازک زاویے
ایک ایسی ہمواری
جو ہر لمحے کو

ایک نیا رنگ دیتی ہے
ہر موڑ پر
ایک نیا انکشاف
ایک نئی دھڑکن
جس میں دل کی ہر دھڑکن
اُس کے حسن کی قید میں آجاتی ہے

وہ کمر
جیسے ہوا میں جھومتی ہوئی شاخ
جس کی ہر لرزش
ایک نیا احساس
ایک نیا جذب
جس میں دل کی دھڑکن
ایک موسیقی بن جاتی ہے
ہر زاویہ
ایک نیا خواب
جو نظروں میں بسا رہتا ہے
اور دل کو ہمیشہ
اُس کے حسن کی طرف کھینچتا رہتا ہے

اُس کی کمر کا جادو
صرف نظر کا کھیل نہیں
یہ دل کی دھڑکنوں کا کھیل ہے
جہاں ہر زاویہ
ایک نیا احساس
ایک نئی حقیقت
جو نظروں سے اوجھل
مگر دل میں ہمیشہ رہتی ہے
اور اُس کی کمر کا ہر خم
ایک نئی دنیا کی طرف اشارہ کرتا ہے
جو محبت کی لذت میں گم ہے۔

حرمین طارق

پہلا بوسہ اور ہارمونز

پہلا بوسہ
ایک لمحہ
جو وقت کی قید سے آزاد
جہاں الفاظ کی ضرورت نہیں
صرف احساسات کی لہر
جو دل سے نکل کر جسم کے ہر حصے میں دوڑ جاتی ہے
ایک غیر مرئی رابطہ
جو دو روحوں کو جوڑ دیتا ہے

یہ بوسہ
صرف ایک لمحہ نہیں
یہ کیمیائی انقلاب بھی ہے
جہاں ہارمونز
اپنی اپنی جگہ چھوڑ کر
ایک نئے توازن کی طرف بڑھتے ہیں
یہ وہ لمحہ ہے۔

حرمین طارق

جب جسم اور روح
ایک دوسرے کے قریب آتے ہیں
اور ہارمونز
اپنی زبان میں
محبت کی پہلی سرگوشی کرتے ہیں

ڈوپامائن کی وہ لہر
جو خوشی اور سرشاری کا پیغام دیتی ہے
آکسیٹوسن کا وہ جادو
جو دلوں کو باندھتا ہے
ایڈرینالین کی وہ چمک
جو دل کی دھڑکن کو تیز کرتی ہے
سب مل کر
ایک ایسا تجربہ تخلیق کرتے ہیں
جو کبھی بھلایا نہیں جا سکتا

پہلا بوسہ
ایک ایسا سفر ہے
جو ہارمونز کے راستوں سے گزرتا ہوا
دل کی گہرائیوں تک پہنچتا ہے

یہ جسمانی کیمیا اور جذبات کی معراج کا ملاپ ہے
جہاں ہر لمس
ایک نئی کہانی بیان کرتا ہے
اور ہر کہانی
ایک نئے جذبے کی تخلیق کرتی ہے

یہ بوسہ
محض آغاز ہے
ایک ایسی تبدیلی کا
جو جسم و جان میں
ہمیشہ کے لیے نقش ہو جاتی ہے
یہ وہ لمحہ ہے
جہاں محبت کی فضا
ہارمونز کی سرگوشیوں میں گھل جاتی ہے
اور انسان
ایک نئی دنیا کی جانب بڑھتا ہے
جہاں احساسات کی گہرائی
اور ہارمونز کا کھیل
ہمیشہ جاری رہتا ہے

رومانویت اور اٹومک بانڈنگ

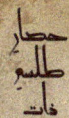

رومانویت، ایک احساس
جو دلوں کو باندھتا ہے
ایک نازک دھاگے سے
جو نہ نظر آتا ہے
نہ ٹوٹتا ہے
ایک بندھن
جو جذبات کے ذرّوں کو جوڑتا ہے
جیسے ایٹم ایک دوسرے سے جڑتے ہیں
ایک ایسی قوت سے
جو دکھائی نہیں دیتی
مگر وجود رکھتی ہے

اٹومک بانڈنگ
ایک سائنس کا کرشمہ
جہاں ایٹمز
اپنی توانائیوں کو بانٹ کر
ایک نیا جوہر بناتے ہیں

جہاں ہر بانڈ
ایک نیا تعلق
ایک نئی زندگی
اور ایک نیا توازن قائم کرتا ہے
مگر رومانویت کا بانڈ
اس سے بھی زیادہ مضبوط
اس سے بھی زیادہ پیچیدہ
جہاں دلوں کے درمیان
کوئی فاصلے نہیں رہتے
صرف ایک جذبہ
جو ہر احساس کو باندھتا ہے

رومانویت
ایک کیمیائی عمل بھی ہے
جہاں احساسات
ایک ردعمل کی طرح پھوٹتے ہیں
اور پھر
جذبات کی بانڈنگ میں قید ہوجاتے ہیں

جہاں محبت
ایک توانائی بن کر
ہر لمحہ، ہر یاد
ہر خواب میں سرایت کر جاتی ہے
مگر یہ بانڈنگ
ہمیشہ مستحکم نہیں رہتی
کبھی کبھی
یہ بانڈ ٹوٹ بھی جاتا ہے
مگر اس کا اثر
ہمیشہ باقی رہتا ہے
جیسے ایٹمز کا بانڈ ٹوٹ کر
نئے عناصر کی تخلیق کرتا ہے
رومانویت اور اٹومک بانڈنگ
دو مختلف جہان
مگر دونوں میں ایک ہی قوت
ایک ہی جاذبیت
جو ہر شے کو باندھتی ہے
ایک ایسے تعلق میں
جو نہ صرف وجود رکھتا ہے
بلکہ زندگی کو معنی بھی دیتا ہے

اور یہی بانڈ
ہمیں ایک نئی حقیقت سے روشناس کراتا ہے
جہاں محبت
ایک سائنس سے زیادہ
ایک فن ہے
جو ہر احساس کو
ایک نیا رنگ دیتا ہے۔

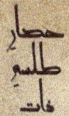

ایٹمز کی سٹیبلیٹی اور عشق کا وجود

ایٹمز کی سٹیبلیٹی
ایک متوازن دنیا کا خواب
جہاں ہر ذرہ
اپنی جگہ پر قائم رہتا ہے
نہ ہلتا ہے
نہ بدلتا ہے
بس اپنی محوری گردش میں
خاموشی سے قائم رہتا ہے
مگر
عشق کا وجود
اس خاموشی کو توڑ دیتا ہے
ایک ہلچل پیدا کرتا ہے
جہاں کوئی سٹیبلیٹی نہیں
صرف بے چینی ہے
صرف تڑپ ہے
صرف جستجو ہے

حرمین طارق

عشق

کبھی متوازن نہیں ہوتا

یہ توڑتا ہے

ہر وہ بندش

جو ایٹمز کو باندھے رکھتی ہے

یہ بدلتا ہے

ہر وہ قانون

جو کائنات کو مستحکم رکھتا ہے

عشق

ایک ایسا دھماکہ ہے

جو ہر چیز کو

اس کی بنیادی ساخت سے ہلا کر رکھ دیتا ہے

مگر

یہی عشق کا وجود

ہمیں ایک نئی حقیقت سے روشناس کراتا ہے

ایک ایسی دنیا سے

جہاں استحکام کی ضرورت نہیں

جہاں تڑپ ہی حقیقت ہے

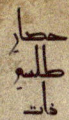

جہاں جذب ہی قانون ہے
اور جہاں ایٹمز کی سٹیبیلیٹی
ایک فریب سے زیادہ کچھ نہیں

عشق
ایٹمز کی سٹیبیلیٹی کو
ایک نئے دائرے میں لے جاتا ہے
جہاں ہر چیز
ایک نئے توازن میں آجاتی ہے
مگر یہ توازن
عشق کی شدت سے جڑا ہوتا ہے
ایک ایسی شدت
جو ہمیں حقیقت کی گہرائیوں تک لے جاتی ہے
جہاں ایٹمز اور عشق
ایک ہی حقیقت کا حصہ بن جاتے ہیں
اور ہم
ایک نئی کائنات کی تخلیق میں شامل ہو جاتے ہیں۔

حیاتیاتی عشق

چلو آؤ آج اُس پر اِک کہانی لکھتے ہیں

اُس کو اِک حسین ناؤ خود کو بہتا پانی لکھتے ہیں

پھر لکھتے ہیں اِس سفر کا اِک ہی کنارہ

چلو آؤ لکھتے ہیں،

کنارے پر بیٹھ کر پھر اس سفر کی روانی لکھتے ہیں

چلو آؤ لکھتے ہیں،

وہ جذبات کی ڈائنامکس (Dynamics) میں الیکٹرانز کی

ایکسائٹیشن (Excitation)،

جب ہم ملے، تبھی تو کائنات کے سبھی ایٹمز اسٹیبل ہوئے تھے

چلو آؤ لکھتے ہیں،

دل کی ڈویلپمینٹ (Development) کا مرحلہ تو اسی دم مکمل ہو چکا تھا

جب سیاہ مانند جبیں چومی گئی، کیسے ہوئی رگوں کی گروتھ لکھتے ہیں

چلو آؤ لکھتے ہیں،

فلک پہ بیٹھا ایٹما سفئیر (Atmosphere) کی کتنی ہی کثیف گیسیز
پہ پاؤں اٹکائے ہوئے،

لکھتے ہیں، کیسے اس ملاقات کی حدت سے جنم لینے والے
کلوروفلوروکاربنز Chlorofluorocarbons) اوزون ڈپلیشن ozone
depletion) کا باعث بنے

اور مجھے لکھنا ہے،

کہ جب تمہارے ماتھے سے سرکاتھا آنچل، اتنی سولر انرجی کہ
پودوں کو کلوروفل (Chlorophyll) عطا ہوا،

اور تمام پروڈیوسرز اپنی پہلی فوٹو سینتھیسز (Photosynthesis)
پہ کتنا خوش ہوئے تھے

تمہاری چال پر زاویوں کی ایجاد ہوئی اور نہ جانے کتنے ہی x, y
تمہیں دیکھتے ہی اپنی ویلیوز سپوز کرنے لگے

مجھے یاد ہے وہ لمحہ، جس دم مجھے بینائی عطا ہوئی تھی،
تم نے جب ہاتھ آنکھوں سے ہٹا کر کہا دیکھو!

تو ویسیبل (Visible) لائٹ کی ویو لینتھ (wavelength is) کا جنم

ہوا

اور دنیا میں سات رنگوں نے گلے مل کر، قوسِ قزاح کا

تحفہ دنیا کی سبھی آنکھوں کے جھرونکوں کی اوٹ میں جا

رکھ دیا

چلو آؤ لکھتے ہیں،

وہ قصہ پہلے بوسہ کا

لبوں کی ململاہٹ سے انگڑائیاں لیتا ہوا جب

گلاب نکلا تھا

اور یاد ہے!

بوقتِ ملاقات تمہاری لپسٹک (Lipstick) کے شیڈز پر

کیسے پھول کروموپلاسٹ (Chromoplast) سے مختلف رنگوں کو

اپنانے پر بضد ہوئے تھے

چلو آؤ لکھتے ہیں۔۔

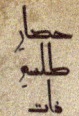

حیاتیاتی عشق ۲

چلو آؤ، ایک نئی کہانی بنتے ہیں،

عشق کے اس ذرّے سے، جس نے کائنات کو باندھا ہے،

وہ نقطہ، جہاں سے زمانۂ آغاز ہوا،

جہاں روشنی نے پہلی بار اندھیرے سے جنم لیا،

اور وقت کی نبض دھڑکنے لگی۔

چلو آؤ، اُس لمحے کو لکھتے ہیں،

جب کششِ ثقل نے زمین کو سینے سے لگایا،

اور پہلا قطرۂ عشق زمین پر برسایا،

وہی لمحہ، جب جذبات کی لہریں سائنسی حقیقتوں سے ہم

آہنگ ہوئیں،

اور کائنات نے پہلی بار خود کو محسوس کیا۔

وہ تمہاری مسکان،

جس نے روشنی کی شعاعوں کو رقص کرنا سکھایا،

جب ہوا کے جھونکوں نے تمہارے گیسوؤں کو چھوا،

تو ہوا میں ذرات کی آواز گونجی،

اور زمان و مکاں کی بُنتی فضا میں ہلچل مچ گئی۔

چلو آؤ، اُس بوسے کی کہانی لکھیں،

جس نے لبوں کی سرخی کو ایک نئے رنگ سے نوازا،

وہی بوسہ، جس نے روشنی کو جذب کر لیا،

اور دنیا میں پہلی بار رنگوں نے جنم لیا۔

فلک کے کنارے پر،

جب تم نے اپنی آنکھیں جھپکائیں،

تو کہکشاؤں کی رفتار تھم گئی،

اور وقت کی رفتار نے ایک لمحے کو خود کو بھلا دیا۔

چلو آؤ، اس کہانی کو لکھتے ہیں،

جہاں عشق اور سائنس کی راہیں ملتی ہیں،

جہاں ذرّات کی حرکت میں محبت کا ساز گونجتا ہے،

اور ہر نکتۂ عشق کائنات کی تشکیل کا نکتۂ آغاز بن جاتا ہے۔

حرمین طارق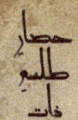

کیمیائی محبت

آؤ، آج محبت کو تجربہ گاہ میں لے چلتے ہیں،

وہاں جہاں احساسات کو عنصر کی طرح جانچتے ہیں،

اور ہر جذبے کو الگ الگ اجزاء میں توڑتے ہیں،

محبت کا وہ مرکب،

جس میں الفت، ہمدردی، اور چاہت کا تناسب برابر ہو۔

آؤ، اس کیمیائی ترکیب کو لکھتے ہیں،

جب دل کی دھڑکنوں نے پہلی بار الیکٹرانز کو حرکت دی

اور رگوں میں محبت کا بہاؤ تیز ہوا،

جہاں جذبے کی حدت نے پہلی بار خوابوں کو پگھلایا،

اور وہ گیس بن کر ہوا میں تحلیل ہو گئے۔

پھر اس لمحے کو لکھتے ہیں،

جب تمہاری مسکان نے ردِ عمل پیدا کیا،

اور کیمیائی توازن بدل گیا،

ہر ذرے میں عشق کی تپش پھیل گئی،

اور فطرت نے اپنے رنگ بدل دیے۔

چلو آؤ، اُس بوسے کی تاثیر کو بیان کریں،

جس نے جذبات کو مائع کی شکل میں بہا دیا،

وہی بوسہ، جس نے محبت کے عنصر کو متعادل بنایا،

اور دنیا کی فضا میں خوشبوئیں پھیلا دیں۔

زمین کے ذرات میں،

جب تمہاری آہٹ سنائی دی،

تو مٹی نے اپنی کثافت بدل دی،

اور ہر دانۂ خاک میں محبت کا جوہر شامل ہو گیا۔

چلو آؤ، اس تجربے کو لکھیں،

جہاں محبت اور سائنس کا ملاپ ہوتا ہے،

جہاں ہر عنصر کی ترکیب میں عشق کی جھلک ہوتی ہے،

اور کیمیائی محبت کے اس تجربے میں،

زندگی کا نیا رازفاش ہوتا ہے۔

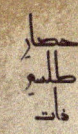

کوانٹم عشق کا راز

چلو آؤ، عشق کو کوانٹم ذرات (Quantum Particles) میں تقسیم
کریں،
جہاں ہر احساس کی موج اور ذرّے (Particle) کے درمیان
ایک غیر یقینی تعلق ہو،
جہاں جذبات کا ہر لمحہ سپرپوزیشن (Superposition)
میں ہو،
نہ مکمل موج، نہ مکمل ذرّہ، بس ایک معلق حقیقت
(Entangled Reality)۔

آؤ، اس غیر یقینی (Uncertainty) کو جانچیں،
جب تمہاری نظر میری نظر سے ٹکراتی ہے،
تو دو الیکٹرانز (Electrons) کی طرح ہم جڑے ہوئے ہوتے ہیں،
ایک ہی لمحے میں، دو مختلف مقامات پر،
مگر پھر بھی جڑے ہوئے،
عشق کا یہ عجیب و غریب کوانٹم تعلق (Quantum
Entanglement)۔

چلو آؤ، اُس لمحے کو لکھیں،

جب تمہاری آواز نے ریزونینس (Resonance) پیدا کیا،

اور فریکوئنسی (Frequency) کی ہر لہر نے میری ہستی کو سرشار کر دیا،

جہاں ہر نوٹ میں محبت کی انرجی چھپی ہوئی تھی،

اور ہر وائبریشن نے میرے دل کی دھڑکن کو گونج میں بدل دیا۔

پھر اس کو انٹم اینٹینگلمنٹ (Quantum Entanglement) کو بیان کریں،

جب ہمارے دل ایک ہی لمحے میں جڑے،

بغیر کسی فاصلہ یا وقت کے،

ایک غیر مرئی تار (Invisible String) کے ذریعے،

جہاں جذبات کی ہر موج نے ہمیں ایک دوسرے سے باندھ دیا۔

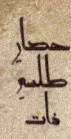

چلو آؤ، اس بوسے کی کوانٹم حالت (Quantum State) لکھیں،

جو بیک وقت موجود بھی تھا اور غیر موجود بھی،

جہاں لمس کی موجیں خلا (Space) میں تحلیل ہوئیں،

مگر اثرات کی گونج کائنات کی ہر سمت پھیل گئی۔

فلک پر، جب ہم نے اپنی نگاہیں اٹھائیں،

تو وہ فوٹونز (Photons)، جو ہماری آنکھوں سے ٹکرا کر بکھر گئے،

انہیں کائنات نے ایک نئے راز میں بدل دیا،

جہاں روشنی کے ہر ذرے (Photon) میں ہماری محبت کی

جھلک چھپی ہوئی تھی۔

چلو آؤ، اس کوانٹم راز (Quantum Mystery) کو لکھیں،

جہاں عشق اور سائنس کے پیچیدہ تصورات آپس میں

جڑے ہوئے ہیں،

جہاں ہر ذرے کی حرکت میں محبت کی توانائی چھپی ہوئی

ہے،

اور جہاں عشق کی موجیں کائنات کے ہر کونے میں گونجتی ہیں

عشق کا بایو-کیمیکل راز

حرمین طارق

تمہاری مسکان،

ایک اینزائمیٹک ری ایکشن (Enzymatic Reaction) کی طرح،

جب میرے دل کی سطح پر ایڈزورب (Adsorb) ہوئی،

تو ایک کیٹالسٹ (Catalyst) بن کر

میرے جذبات کو تیز رفتار کر دیا۔

جب تمہاری نگاہوں کی شعاعیں،

میرے نیورانز (Neurons) کے ریسیپٹرز (Receptors) پر پڑیں،

تو ایک نیوروٹرانسمیٹر (Neurotransmitter) کی طرح

میرے دل کی دھڑکنوں کو پمپ کیا،

اور ہر ضرب میں ایک نئی زندگی بھری۔

تمہارے لمس کی نرمی،

جیسے ہائیڈروجن بانڈنگ (Hydrogen Bonding) کی طاقت،

جو دو مالیکیولز (Molecules) کو قریب لاتی ہے،

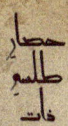

ویسے ہی تمہاری قربت نے
میرے خلیات (Cells) کو ایک نئی طاقت بخشی۔

جب ہمارے لب ملے،
تو ایک بایو-کیمیکل فیوژن (Bio-Chemical Fusion) ہوا،
جہاں محبت کی توانائی (Energy) نے
کیمیکل بانڈز (Chemical Bonds) کی طاقت کو بڑھا دیا،
اور ہر جذب ایک نیا کمپاؤنڈ (Compound) بن گیا۔

یاد ہے وہ لمحہ،
جب تمہاری آواز کی فریکوئنسی (Frequency) نے
میرے اندرونی مائٹوکانڈریا (Mitochondria) کو بیدار کیا،
اور اے ٹی پی (ATP) کی نئی توانائی نے
میرے خلیات کی ہر دیوار کو متحرک کیا۔

یہی ہے بایو-کیمیکل عشق،

جہاں ہر جذباتی ردعمل (Emotional Reaction)

کیمیکل تعاملات (Chemical Interactions) کے ساتھ جڑا

ہوا ہے،

اور ہر احساس ایک نیا بایو مولیکول (Biomolecule) بناتا

ہے،

جو ہماری محبت کی داستان کا حصہ ہے۔

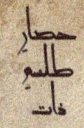

محبت کی حیاتیاتی رقص

جب پہلی بار تمہاری نگاہیں میری نگاہوں سے ملیں،

تو جیسے دو الیکٹرانز (Electrons) ایک ہی مدار میں آ گئے،

ایک ہی توانائی کی سطح پر،

جہاں کوئی بھی رکاوٹ

ان کے درمیان کیمیائی تعلق کو توڑ نہ سکی۔

تمہارے لمس کا وہ پہلا احساس،

جیسے پروٹین کی ساخت (Protein Folding) اچانک اپنی

شکل بدل لے،

جہاں ہر رابطہ

محبت کے اسٹرکچر کو مضبوط کرتا ہے،

اور ہر لمحہ

ایک نئی خوشبو کو جنم دیتا ہے۔

حرمین طارق

حصارِ طلسمِ ذات

یاد ہے وہ رات،

جب خاموشی میں ہمارے دلوں کی دھڑکنیں

ایک ہی فریکوئنسی (Frequency) پر ہم آہنگ ہو گئیں،

جیسے دو نیورانز (Neurons) ایک ہی سگنل پر ہمکنار ہوں،

اور محبت کا پیغام

خلیات کے بیچ سفر کرنے لگا۔

وہ پہلا بوسہ،

جیسے دو مولیکیولز (Molecules) کا ملن،

جہاں کیمسٹری کا جادو

ایک نئی توانائی پیدا کرتا ہے،

اور محبت کی حرارت

ہمارے جسموں کے درمیان پھیل جاتی ہے۔

یہ محبت کا حیاتیاتی رقص ہے،

جہاں ہر لمحہ،

ایک کیمیائی عمل (Chemical Reaction) کی مانند

ہمارے جذبات کو نکھارتا ہے،

اور ہر احساس

محبت کی نئی جہتوں کو اجاگر کرتا ہے۔

محبت کا جینیاتی راز

کسی بھی جین (Gene) کی طرح،

تمہارا نام میرے وجود کی ساخت میں پیوست ہے،

جہاں ہر نیوکلیوٹائڈ (Nucleotide)

تمہاری یادوں کی ترتیب بناتا ہے،

اور میری ہستی کا ڈی این اے (DNA)

تمہارے لمس سے نئی جہتیں حاصل کرتا ہے۔

خلیاتی تقسیم (Cell Division) کے ہر لمحے میں،

تمہارے جذبات کا کروموسوم (Chromosome)

میرے دل کے ہر بینر میں سرایت کر جاتا ہے،

جہاں ہر بار جب مائٹوسس (Mitosis) ہوتی ہے،

تمہاری محبت کی میراث (Inheritance)

میرے وجود میں دہرائی جاتی ہے۔

سائٹوپلازم (Cytoplasm) کی اس خاموش روشنی میں،

تمہاری یادیں پروٹین سنتھیسز (Protein Synthesis) کی مانند،

میرے دل کے خلیات کو پروان چڑھاتی ہیں،

اور ہر امینو ایسڈ (Amino Acid)

تمہاری باتوں کی حلاوت میں بدل جاتا ہے۔

ربوزومز (Ribosomes) کے سفر میں،

تمہاری محبت کی سرگوشی

میرے وجود کی ساخت کو دوبارہ تشکیل دیتی ہے،

جہاں ہر پروٹین چین (Protein Chain)

تمہارے لمس کی لذت میں پروان چڑھتی ہے۔

یہ محبت کا جینیاتی راز ہے،

جہاں ہر لمحہ،

ایک نیا خلیہ (Cell) تمہاری محبت کی روشنی سے پیدا

ہوتا ہے،

اور ہر تقسیم (Division)

تمہارے لمس کی گہرائیوں کو دہراتی ہے۔

حرمین طارق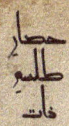

خدا اِک گورکھ دھندہ؟

خدا، ایک گورکھ دھندہ

یا شاید

ہماری سوچ کا ایک سراب

جو ہمیں اپنی طرف کھینچتا ہے

مگر جب قریب جاتے ہیں

تو اور دور ہو جاتا ہے

یہ کیسا راز ہے

جو ہر پل عیاں ہو کر بھی

ہماری سمجھ سے باہر ہے

ہر لمحہ

ایک نیا سوال

ایک نیا گمان

اور ہر جواب

ایک اور دھوکہ

ہم خدا کو جاننا چاہتے ہیں
اس کی حقیقت تک پہنچنا چاہتے ہیں
مگر ہر قدم پر
ہم مزید الجھ جاتے ہیں
یہ کیسا گورکھ دھندہ ہے
جہاں سوالات کا سفر
کبھی ختم نہیں ہوتا
جہاں حقیقت
ہمیشہ دھند میں لپٹی رہتی ہے

شاید خدا
ہماری محدود عقل کی گرفت میں نہیں آتا
شاید
یہ ہمارا فہم ہے
جو اسے گورکھ دھندہ بناتا ہے
یا شاید
یہی اس کی عظمت ہے

حصارِ طلسم

حرمین طارق

کہ وہ ہر پل

ہماری سوچ سے پرے

ایک نئی شکل میں سامنے آتا ہے

یہ گورکھ دھندہ

ایک سفر ہے

جو کبھی ختم نہیں ہوتا

جہاں ہم اپنی عقل کی حدود کو چیلنج کرتے ہیں

اور ہر بار

ایک نئی گتھی میں الجھ جاتے ہیں

شاید

یہی خدا کا راز ہے

اور یہی اس کا کمال

کہ وہ ہر بار

ہمیں خود سے آگے بڑھنے پر مجبور کرتا ہے

مگر پھر بھی

ہمیں ہمیشہ اپنی تلاش میں چھوڑ دیتا ہے۔

وقت کی دھارا

وقت ایک دریا ہے
جو بہتا رہتا ہے
بے توقف، بے مڑاؤ
کبھی آگے، کبھی پیچھے
مگر اس کی رفتار
ہمیشہ ایک جیسی رہتی ہے
نہ تیز، نہ مدھم
بس بہتا رہتا ہے
اپنے ہی راستے میں

ہم اس دریا میں تیرتے ہیں
کبھی بہاؤ کے ساتھ
کبھی اس کے خلاف
مگر ہم ہمیشہ

حرمین طارق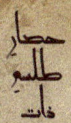

اسی میں قید رہتے ہیں
نکلنے کی چاہت میں
مگر رہائی کا کوئی در نہیں

یہ وقت کا دھارا
ہمیں ماضی کی یادوں میں لے جاتا ہے
اور پھر اچانک
ہمیں حال میں واپس دھکیل دیتا ہے
مگر مستقبل
ہمیشہ دھندلا سا نظر آتا ہے
جیسے ایک سراب
جو کبھی حقیقت نہیں بنتا

وقت کے اس دھارے میں
ہم گم ہو جاتے ہیں

حرمین طارق

اپنی جستجو میں
اپنی تلاش میں
مگر وقت
کسی کا انتظار نہیں کرتا
بس بہتا رہتا ہے
اپنی ہی دھن میں
اپنی ہی راہ پر

خلا کا سفر

کیا کبھی تم نے

خلا کی گہرائی میں جھانکا ہے؟

وہاں جہاں کوئی رنگ نہیں

نہ روشنی، نہ تاریکی

صرف ایک بے کراں خاموشی

جو سب کچھ کہہ کر بھی کچھ نہیں کہتی

یہ وہ سفر ہے

جو نہ راستہ بتاتا ہے

نہ منزل

صرف ایک احساس

جو ہمیں اپنے آپ میں کھینچ لیتا ہے

اور پھر ہم

حصارِ طلسمِ ذات

حرمین طارق

اس خلا میں گم ہو جاتے ہیں

جہاں سوال تو ہیں

مگر جواب کہیں نہیں

یہ خلا

ہماری سوچ کی حدود سے پرے ہے

ایک ایسی دنیا

جو ہماری آنکھوں سے اوجھل

اور ہمارے دلوں سے قریب ہے

یہاں

ہر سوال کا جواب

خود سوال میں پوشیدہ ہے

اور ہر جواب

ایک نیا سوال بن جاتا ہے

خلا کا یہ سفر

ایک جستجو ہے

جو کبھی ختم نہیں ہوتی

یہاں ہر لمحہ

ایک نیا راز فاش کرتا ہے

اور ہر راز

ہمیں ایک اور خلا میں دھکیل دیتا ہے

جہاں ہم

پھر سے گم ہو جاتے ہیں

ایک بے سمت سفر میں

جو نہ کبھی شروع ہوتا ہے

نہ کبھی ختم

خاموشی کا شور

خاموشی کا بھی اپنا ایک شور ہوتا ہے
جو کانوں میں نہیں، دل میں گونجتا ہے
یہ وہ آواز ہے
جو الفاظ کے بغیر بات کرتی ہے
جو کہتی ہے سب کچھ
اور کچھ بھی نہیں

خاموشی کے لمحے
جن میں صدائیں گُم ہو جاتی ہیں
جیسے سمندر کی گہرائی میں
موجوں کا شور
ایک مدھم سی سرگوشی بن جاتا ہے

خاموشی میں پوشیدہ ہے
ایک راز، ایک حقیقت
جو عیاں ہوتی ہے
جب ہم خود سے بات کرتے ہیں
جب سوال اٹھتے ہیں
اور جواب کہیں نہیں ملتے

خاموشی کے ان لمحوں میں
زندگی کا اصل عکس نظر آتا ہے
جس میں ہر فکر
ہر سوچ
ہر خواب
اپنی جگہ ڈھونڈتا ہے
اور پھر گُم ہو جاتا ہے
اسی شور میں
جو صرف خاموشی میں سنائی دیتا ہے

حرمین طارق

خوابوں کے ملبوسات

کہاں ہیں وہ لمحے
جنہیں میں نے آنکھوں میں قید کیا تھا؟
کیا وہ وقت کا دھوکہ تھا
یا میری خواہشات کا بوجھ؟

خیالات کی اُلجھی ہوئی گرہیں
جنہیں میں نے برسوں سلجھانے کی کوشش کی
مگر ہر گرہ کے پیچھے
ایک نیا راز چھپا ہوا تھا—
ایک نئی حقیقت، ایک نیا سوال

کبھی سوچا ہے
کہ ہم اپنی زندگیاں
کتنے خوابوں کے ملبوسات میں لپیٹتے ہیں؟

حرمین طارق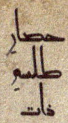

ہر خواب ایک حقیقت کا سایہ

اور ہر حقیقت ایک نیا خواب

کیا یہ سلسلہ کبھی ختم ہوگا؟

یا ہم اسی دھند میں گم رہیں گے؟

زندگی کی یہ ان دیکھی دیواریں

جن کے پیچھے کچھ ہے

یا شاید کچھ بھی نہیں

یا شاید وہی ہے

جو ہم دیکھنا نہیں چاہتے

یہ کیسی مسافت ہے

جہاں منزل کا کوئی نشان نہیں

لیکن پھر بھی ہم چلتے رہتے ہیں

ایک بے سمت سفر

جو ہمیں اپنے ہی اندر کے صحرا میں لے جاتا ہے

ہو سکتا ہے
کہ زندگی کا اصل راز
اسی بے سمتی میں پوشیدہ ہو
یا شاید
یہ وہم کا ایک اور پردہ ہو
جو ہمیں حقیقت سے دور رکھتا ہے

جب تک یہ پردے نہیں گرتے
ہم خوابوں کے ملبوسات میں
اپنے آپ کو چھپاتے رہیں گے

اب کی بار میں ہوں!

اب کی بار میں ہوں میری راتیں تو کالی ہیں ہی میرے دن بھی سیاہ ہوئے، وہ دیا جو روشنی کی فروانی کو ایجاد ہوا وہ میری روشنی بھی سیاہ ہوئی میرے دن بھی سیاہ ہوئے۔

میرے آنگن کے سبھی پھول چوری ہوے، شاخیں مُرجھا گئیں اب کی بار ویرانی ہوئی سر سبز گھاس تپتی سیاہ ریت ہوئی کہ اب کی بار میں ہوں، میرے دن بھی سیاہ ہوئے!

گماں، خیال، لذّت، شوخ، شرارت کے سبھی کردار ہوا ہوئے، طلِ قمقے بھی سیاہ ہوئے، وہ جو آنکھ ہے نور کو مجسم کرنا کام جس کا وہ نور کے کبھی حلقے سیاہ ہوئے میرے دن بھی سیاہ ہوئے!

ہاتھ جو میرے کاندھے کی سمت بھڑنے کے سفر میں ہی تمام ہوئے، کہ راستے بھی سیاہ ہوئے، وہ جو ہجوم خیالی تھا ہر سو میرے گرد سیاہی آتے ہی جانے کہاں فرار ہوئے، کہ اب کی بار میں ہوں، میرے دن بھی سیاہ ہوئے!

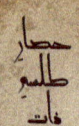

ذوق، شوق، پُھرتیاں وہ چُستیاں، مستیاں کہیں حباپابندِ غبار ہوئے، مشغلے بھی سیاہ ہوئے، وہ لڑکپن، آوارہ پن میرے تھے ساتھی ہم وقت چند سالوں کی مسافت پہ ہی سپردِ خاک ہوئے، کہ اب کی بار میں ہوں میرے دن بھی سیاہ ہوئے۔

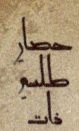

پوشاک

یہ دیکھو تو میں نے ہجر کا دُکھ پہنا ہے، یہ کمی مجھ پہ کتنی جچتی ہے
یہ جمال کتنا دلکش ہے

پڑھو تو میرے الفاظ کو کہ میرا قلم افسردہ ہے، یہ رنج زنی کتنی
دلفریب ہے یہ درد کتنا کمال ہے

اب پڑھو کہ مسافت کی گرد میں ہیں میرے جملے، یہ خاک
کتنی دلنشیں ہے

سنو تو کہ میری آواز سے راگ روٹھے ہیں، یہ کراہت کتنی پُر کیف
ہے

اب سنو کہ حدِ سماعت سے پرے ہیں گیت میرے، یہ بیچارگی
کتنی دل سوز ہے

یہ چکھو تو تمہارے دعویٰ حیات کا محلول ہے، یہ شراب
کتنی رنگین ہے
اب چکھو کہ یہ دعوے بدذائقہ ہو چکے، یہ بے لُطفی کتنی لطیف ہے

یہ چھوؤ تو مجسمہ اس پہ تمہارا لمس نقش ہے، یہ سراب
کتنا حقیقی ہے

اب چھوؤ کہ یہ مجسمہ سنگِ راہ ہونے کو ہے، یہ بنجارگی کتنی پُر سکوں ہے

رُسوا

مجھے خدا کا بندہ بننا تھا!
میں تو بن گیا کمین گاہ

مجھے دین کی راہ پہ چلنا تھا
میں تو چل پڑا عجیب راہ

مجھے جنگ کرنی بدی سے تھی
میں معلم ہوا اس خبیث گاہ

میرا عزم نیکی سے تھا جڑا
نہ ذہن گیا نہ پڑی نگاہ

جو آنکھ کھلی تو دیکھتا ہوں
دن حشر اور تیری بارگاہ

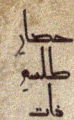

اُسے کچھ ہی عرصہ کمال ہے

یہ غبارِ راہ جو بنا ہوں میں
یہ بطور مثل و مثال ہے۔۔
یہ جو ڈھیر ہے سنِ خاک کا
میری جان میرا مزار ہے۔۔

مجھے آتے جاتے تکا کرو کبھی مجھ کو تم چھوا کرو
یہ ہی سچ ہے جاناں زیست کا
یہی زیست کا جواب ہے۔۔

یہ پڑی ہوئی ہیں جو پتیاں وہ پڑا ہوا جو گلاب ہے
یہ سجی ہوئی یاں کہو تو لدی ہوئی لحد میری
میرے چارہ گر کا کمال ہے
فقط چند دنوں کی بات ہے
یا کہو تو تھوڑی سی دیر ہے۔۔

تو بھی آئے گا یہیں کہیں یا کہو تو میرے قریب ہی
تیرے میرے درمیاں جو پڑی ہے شے
اسے کچھ ہی عرصہ کمال ہے۔

فریادِ مُحمل

(اُن بچیوں کے نام جنہیں محمل (بے کار) سمجھا جاتا ہے۔۔)

میں آنچل کے گوشے میں ڈھکی برہنہ زمانے کی کلائیوں میں
کھنکتی اِک

مُحمل سی گڑیا اور کچھ نہیں،

میں تبع تابعی، میں سراپے بے حیائی، میں لقمہ
بیزاری، آنکھوں میں بھٹکتی

مُشتِ حنا کی اور کچھ نہیں،

میں ارمانوں کے جھولے میں پنپتی بے قراری، میں الفاظِ
غلیظہ کی

لوریاں سُنتی بیچاری اور کچھ نہیں،

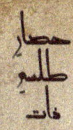

میں ماں تیری کوکھ کی نصیب جلی پتلی، میں ماں تیرے
خوں کی تھوکی

گئی گُٹلی اور کچھ نہیں،

میں اپنے باپ کے قدموں سے لپٹی ہوئی خاکی، میں اپنے
بھائیوں کے

شِکن ماتھے کی ماری اور کچھ نہیں،

میں خون میں ہولی کھیلتی نمانی، میں گھر باہر کی شعلہ
بیانیوں پہ ناچنے

والی تماشہ خود تماشائی اور کچھ نہیں،

میں بے بس بے کساں، میں رودادِ ناتواں، میں پربت بِن
آسماں

یعنی میں کچھ نہیں اور کچھ نہیں،

حرمین طارق

خُدا اُبھرتا ہے!

حِصارِ ذات میں اِک آرزو پنپتی ہے
خلا کی تاریکی ہے جو نور اُگلتی ہے
کتنے ہی مداروں کی قید میں کائنات
عقل میں لاتا ہوں تو پھسلتی ہے

خُدا اُبھرتا ہے، خُدائی دِکھتی ہے!

ازل کے لمحے سے لے کر ابد تک
یہ رازِ ہستی کی لہر ابھرتی ہے
کبھی فنا کے دریا میں گم ہو جاتی ہے
کبھی وجود کے ساحل سے جُڑتی ہے

خُدا اُبھرتا ہے، خُدائی دِکھتی ہے!

حقیقتوں کی پرچھائیاں مٹ جاتی ہیں
گمان کی موجوں میں بکھرتی ہیں
ہر اک ذرہ میں اُس کا جلوہ پنہاں
ہر اک لمحہ میں یہ سمٹتی ہے

خُدا اُبھرتا ہے، خُدائی دِکھتی ہے!

جب حرفِ کُن سے یہ کائنات بنی
تب سے یہ ہستی کی لہر بہتی ہے
ہر اک وجود میں اُس کا عکس ہے
ہر سانس میں ایک صدا لگتی ہے

خُدا اُبھرتا ہے، خدائی دِکھتی ہے!

مدارِ وقت کی گردشیں سمجھ نہ پائیں
یہ راز، جو ہر ذرہ میں پوشیدہ ہے
کبھی خیال کی سرگوشی میں جاگتا
کبھی حقیقت کے پردے میں ادا چھپتی ہے

!خُدا اُبھرتا ہے، خدائی دِکھتی ہے

زمین و آسماں کی ہر شے میں ہے وہی حقیقت
جو کبھی فنا میں پنہاں، کبھی بقا میں عیاں
یہی تو راز ہے اُس کی ازلی حکمت کا
کہ ہر ذرہ میں اُس کا عکس زیبائی ہے

خُدا اُبھرتا ہے، خدائی دِکھتی ہے!

تخيلات

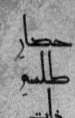

حصارِ طلسمِ ذات

"حصارِ طلسمِ ذات" ایک ایسی اصطلاح ہے جو محض الفاظ کا مجموعہ نہیں، بلکہ انسانی شعور کی ان گہرائیوں کا آئینہ دار ہے جہاں حقیقت اور فریب کے درمیان ایک غیر محسوس تعلق پنہاں ہے۔ یہ اصطلاح اس پوشیدہ دنیا کی غمازی کرتی ہے جو ہر دل کی گہرائیوں میں موجود تو ہے مگر اس کی حقیقت کا ادراک صرف ان لوگوں کو ہوتا ہے جو اپنی ذات کے رازوں میں جھانکنے کا حوصلہ رکھتے ہیں۔ وجود کی سطحی حقیقتیں، جو بظاہر نظر آتی ہیں اور محسوس ہوتی ہیں، دراصل اس گہرائی کے دروازے ہیں جہاں ذات کی مخفی حقیقتیں چھپی ہوئی ہیں۔ ذات کا طلسم اُس لمحے آشکار ہوتا ہے جب انسان اپنے وجود کی سطحی حدوں کو پار کرتا ہے اور اس دنیا میں قدم رکھتا ہے جہاں حقیقت اور سراب ایک دوسرے میں ضم ہو جاتے ہیں۔

طلسم، ایک ایسی جادوئی طاقت ہے جو حقیقت کو اُس کے اصلی روپ سے پردہ پوشش کرتی ہے، اس طلسم میں ایک عجیب کشش ہے، جو انسان کو حقیقت کی جستجو کے راستے پر بھٹکاتی ہے۔ یہ طلسم ہماری ذات کے اُن گوشوں میں بسیرا کرتا ہے جہاں ہماری خواہشات، خواب، خوف اور امیدیں ایک دوسرے سے دست و گریباں ہوتی ہیں۔ اس طلسماتی حصار کو پار کرنا اور اس کے پیچھے چھپی حقیقت کو دریافت کرنا ایک ایسی مہم ہے جو صرف ان لوگوں کے نصیب میں ہوتی ہے جن کے دلوں میں خود شناسی کی آگ روشن ہوتی ہے۔

"حصارِ طلسمِ ذات" ایک ایسی روحانی اور فلسفیانہ جستجو کی علامت ہے جو انسان کو اُس کی مخفی حقیقتوں کے قریب لے جاتی ہے۔ ہر قدم پر ایک نیا راز کھلتا ہے، ایک نیا طلسم منکشف ہوتا ہے، اور ہر انکشاف کے ساتھ انسان اپنے وجود کی حقیقت کے قریب تر ہوتا جاتا ہے۔ اس سفر میں وہم اور حقیقت کی سرحدیں مدھم ہو جاتی ہیں، اور ان کی پہچان کے لیے لازم ہوتا ہے کہ طلسم کے پردے کو چاک کیا جائے۔

یہ اصطلاح اس پراسرار حقیقت کی نمائندگی کرتی ہے جو انسان کے باطن میں چھپی ہوئی ہے، ایک ایسی حقیقت جو نہ صرف الجھن پیدا کرتی ہے بلکہ ایک ایسی کشش بھی رکھتی ہے جو ہر جستجو کرنے والے کو اپنی طرف کھینچتی ہے۔ "حصارِ طلسمِ ذات" کا طلسم وہی ہے جو انسان کو حقیقت کی اصل شکل دکھانے سے پہلے اُسے ایک ایسی دنیا میں داخل کرتا ہے جہاں ہر چیز اپنے اصل روپ سے دور ہو جاتی ہے۔ یہ وہ دنیا ہے جہاں حقیقت اور فریب ایک دوسرے کے ساتھ گتھم گتھا ہوتے ہیں، اور جہاں طلسماتی حصار کو توڑنے کے لیے لازمی ہوتا ہے کہ انسان اپنے وجود کی سطحی حدوں کو عبور کرے۔

یہ اصطلاح ایک ایسی پیچیدہ اور گہری حقیقت کی غمازی کرتی ہے جو صرف ان لوگوں کو معلوم ہوتی ہے جو اپنی ذات کے اس سفر پر نکلتے ہیں جہاں طلسماتی پردے کے پیچھے چھپی حقیقت بے نقاب ہوتی ہے۔ یہ ایک دعوت ہے، ایک چیلنج ہے، ایک فریاد ہے، کہ انسان اپنے وجود کی حدوں کو پار کرے، طلسم کے حصار کو توڑے، اور اُس حقیقت تک پہنچے جو بظاہر نامعلوم ہے، مگر دراصل اُس کی ذات کا حصہ ہے۔

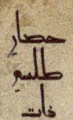

آج کا انسان اتنا بدذات کیوں ہوا ہے؟

یہ سوال بظاہر سادہ لگتا ہے، مگر اس کے اندر ایک گہرا فلسفیانہ تضاد چھپا ہوا ہے جو انسان کی روحانی، سماجی، اور نفسیاتی حالت کا احاطہ کرتا ہے۔ آج کا انسان بدذات اس لیے نہیں کہ وہ پیدائشی طور پر ایسا ہے، بلکہ اس لیے کہ اس کے اندر کچھ ایسا ہے جو اسے اپنے آپ سے ہی بیگانہ کر چکا ہے۔ مگر سوال یہ ہے کہ وہ کیا چیز ہے؟ کیا یہ زمانے کا بگاڑ ہے؟ یا پھر انسان کے اندر چھپا ہوا کوئی ایسا راز جو اب آشکار ہو رہا ہے؟

کہا جاتا ہے کہ ہر انسان کے اندر روشنی اور تاریکی کی ایک جنگ جاری رہتی ہے۔ یہ جنگ ہمیشہ سے موجود تھی، مگر آج کی دنیا میں اس جنگ کا توازن بگڑ چکا ہے۔ پہلے انسان کے پاس کچھ ایسا تھا جو اس تاریکی کو قابو میں رکھتا تھا۔ وہ ضمیر تھا، جو ہمیشہ انسان کو روشنی کی طرف لے جاتا تھا، مگر آج وہ ضمیر ایک دھند میں چھپ چکا ہے۔ یہ دھند اس قدر گہری ہے کہ انسان اپنی حقیقت کو بھول چکا ہے۔

یہ ضمیر کی دھند اس وقت شروع ہوئی جب انسان نے اپنی خواہشات کو خدا مان لیا۔ یہ خواہشات محض مادی نہیں، بلکہ فکری اور روحانی بھی ہیں۔ انسان نے اپنی ذات کی تکمیل کے لئے ہر حد کو پار کر دیا، یہاں تک کہ وہ اپنے اصولوں کو بھی دفن کر بیٹھا۔ اس کا ہر عمل ایک نئی خواہش کی تکمیل کی طرف گامزن ہو گیا، اور یہی خواہشات اسے بدذات بناتی گئیں۔

مگر خواہشات کے پیچھے چھپی ہوئی حقیقت کیا ہے؟ انسان کیوں اپنی ذات کی تکمیل کے لئے اتنا بے چین ہے؟ کیا یہ بے چینی در اصل اس کے اندرونی خلا کا نتیجہ ہے؟ یہ خلا کہاں سے آیا؟ کیا یہ اس کی فطرت کا حصہ تھا، یا اس نے خود اسے تخلیق کیا؟ یہ وہ سوالات ہیں جو انسان کو اپنی بدذاتی کی حقیقت سے روشناس کراتے ہیں۔

یہ خلا وہ آئینہ ہے جس میں انسان اپنا اصل چہرہ دیکھنے سے ڈرتا ہے۔ وہ اپنی حقیقت کو جاننا نہیں چاہتا، کیونکہ اس حقیقت کا سامنا کرنا ایک ایسی اذیت ہے جو اس کی فکری دنیا کو بکھیر سکتی ہے۔ یہ خلا اس وقت پیدا ہوا جب انسان نے اپنے اندر کی آواز کو دبانا شروع کیا۔ اس نے اپنے دل کی سچائیوں کو نظر انداز کر دیا، اور وقت کے ساتھ ساتھ وہ اس خلا کا اسیر ہو گیا۔

یہ خلا ایک ایسی گہرائی ہے جس میں ہر خواہش ایک نئے سوال کو جنم دیتی ہے۔ اور ہر سوال ایک نئے تضاد کو پیدا کرتا ہے۔ یہ تضادات انسان کو اس کی حقیقت سے دور کر دیتے ہیں، اور وہ خود اپنی ذات کے فریب میں مبتلا ہو جاتا ہے۔ یہی فریب اس کی بدذاتی کی جڑ ہے۔ وہ ہر چیز کو اپنی ذات کے آئینے میں دیکھتا ہے، اور اس آئینے کی حقیقت محض ایک دھوکہ ہے۔

لیکن یہاں ایک اور سوال پیدا ہوتا ہے: اگر انسان کو اس خلا کا شعور ہو جائے، تو کیا وہ اس بدذاتی سے نجات پا سکتا ہے؟ یا یہ بدذاتی اس کی تقدیر بن چکی ہے؟ شاید یہ سوال ہی ہمیں اس حقیقت کی طرف لے جائے کہ آج کا انسان بدذات نہیں، بلکہ وہ ایک ایسی گہرائی میں ڈوبا ہوا ہے جس کا کوئی کنارہ نہیں۔ اور یہی کنارہ نہ ہونا اس کی سب سے بڑی بدذاتی ہے۔

یہ بدذاتی دراصل ایک تاریکی ہے جسے روشنی کا لباس پہنا دیا گیا ہے۔ انسان خود کو مہذب، عقل مند، اور ترقی یافتہ سمجھتا ہے، مگر اندر سے وہ اس تاریکی کا غلام ہے جو اسے مسلسل اپنے اندر کھینچ رہی ہے۔ یہی غلامی اس کی بدذاتی کا سب سے بڑا راز ہے، جو ہر لمحہ اس کے وجود کو مٹانے کی کوشش کر رہی ہے، مگر وہ خود اس کا شعور نہیں رکھتا۔

اس کہانی کا سب سے ڈراؤنا پہلو یہ ہے کہ انسان اپنے بدذات ہونے کا ادراک کرتے ہوئے بھی اس حقیقت سے فرار چاہتا ہے۔ وہ اس سوال کا جواب تلاش کرنے کی بجائے خود کو مزید فریب کی گہرائیوں میں دھکیل دیتا ہے۔ یوں آج کا انسان بدذات نہیں، بلکہ وہ ایک بے حد تاریک داستان کا وہ کردار ہے جو اپنی حقیقت کو جانتے ہوئے بھی اسے تسلیم نہیں کر سکتا۔ اور یہی اس کی بدذاتی کا سب سے بڑا المیہ ہے۔

حرمین طارق

مادیت پرستی: سرابِ کائنات کا قیدی

مادیت پرستی ایک فریب ہے جو انسان کو نہ صرف اپنی حقیقت سے بیگانہ کر دیتا ہے بلکہ اسے اس کے روحانی مرکز سے بھی دور لے آتا ہے۔ یہ فریب ایک سراب کی مانند ہے جو دکھتا کچھ اور ہے، مگر ہوتا کچھ اور۔ انسان اس سراب کی چمک دمک میں گم ہو کر اپنی ذات کو بھول جاتا ہے اور ایک غیر مرئی باندھ میں جکڑا جاتا ہے جو اسے اس کی حقیقی آزادی اور سکون سے بیگانہ کر دیتا ہے۔ یہ ظاہری لذتیں جو دنیا کی چمک سے وابستہ ہیں، محض عارضی سکون کا جھوٹا وعدہ کرتی ہیں، جو انسان کو اس کی داخلی حقیقت سے دور لے جاتی ہیں۔

°° یہ سراب، جسے ہم مادی اشیاء میں پوشیدہ خوشی سمجھ لیتے ہیں، حقیقت میں ایک دھوکہ ہے۔°°

جیسا کہ مشاہدے میں بھی یہ ظاہر ہوتا ہے کہ جتنی زیادہ مادی اشیاء انسان اپنے گرد جمع کرتا ہے، اتنی ہی زیادہ اس کی اندرونی خلا بڑھتی جاتی ہے۔ جتنا انسان مادی چیزوں کی طرف بڑھتا ہے، اتنی ہی اس کی روحانی بھوک گہری ہوتی جاتی ہے، کیونکہ انسان کی حقیقت ایک لامتناہی سفر ہے، جو کبھی بھی اس دنیا کی عارضیتوں سے مکمل نہیں ہو سکتا۔ انسان کے اس لامتناہی خلا کو مادی اشیاء بھرنے کا وعدہ کرتی ہیں، لیکن یہ وعدہ کبھی بھی پورا نہیں ہوتا، کیونکہ اس کا نتیجہ محض ایک خالی پیالہ بن کر رہ جاتا ہے۔

مادیت پرستی کا کمال یہ ہے کہ یہ انسان کی سوچ کو اس کی حقیقت سے منحرف کر دیتی ہے۔ دنیا کی ظاہری خوشیوں میں غرق انسان اپنی روحانی حقیقت کو کھو دیتا ہے، اور اس کی فطری جستجو جو حقیقت اور سکون کی طرف تھی، وہ مادیت کی دھند میں گم ہو جاتی ہے۔ یہ دھند انسان کے شعور کو اپنی گرفت میں لے کر اس سے اس کی اصل حقیقت چھین لیتی ہے۔ انسان ہر سطح پر کامیاب ہو سکتا ہے، لیکن جب وہ اپنی روح کی سچی ضرورت کو نظر انداز کرتا ہے، تو وہ اپنی تقدیر کو بھلا بیٹھتا ہے۔ وہ نہ صرف اپنی خوشی کی تلاش میں ناکام رہتا ہے، بلکہ اندرونی سکون کی تکمیل میں بھی اس کا پیچھا کرتے ہیں۔

°° جیسے کہ قرآن مجید میں اللہ تعالیٰ فرماتے ہیں:°°

” تمہیں تمہاری مال و دولت اور تمہاری اولاد فریب میں ڈال سکتی ہیں۔ یہ تو صرف دنیا کی زندگی کا عارضی سامان ہے، حالانکہ اللہ کے پاس تمہاری بہتر جزا ہے۔ “

(الحدید:20)

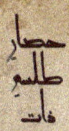

مادیت پرستی انسان کو ایک جھوٹے وعدے کی طرف مائل کرتی ہے جو حقیقت کے برعکس ہے۔

یہ انسان کو اپنی اصلیت سے ہٹا کر ایک مصنوعی دنیا میں قید کر دیتی ہے، جہاں وہ حقیقت کے بدلے مادی کامیابیوں کی پیروی کرتا رہتا ہے۔ لیکن حقیقت یہ ہے کہ جب تک انسان اپنی داخلی حقیقت کو نہیں پہچانتا، وہ حقیقی سکون اور خوشی سے دور رہتا ہے۔ انسان کی اصل فطرت ہمیشہ اس کے اندر رہتی ہے، اور یہ سکون صرف اور صرف روح کی گہرائیوں میں ہی مل سکتا ہے۔

اللہ تعالیٰ کی کتاب میں یہ گواہی دی گئی ہے:

"جس کسی کا دل اللہ کے ذکر سے غافل ہو جائے، ہم اس پر ایک سخت زندگی مسلط کر دیتے ہیں۔"

(طٰہٰ:124)

مادیت پرستی کا فریب دراصل انسان کے اندرونی سکون کو زائل کرتا ہے اور اس کے روحانی مقصد سے اسے دور لے جاتا ہے۔ یہ ایک لامتناہی چکر بن جاتا ہے، جس میں انسان دنیا کی چمک دمک کے پیچھے دوڑتا رہتا ہے، مگر وہ کبھی اپنی حقیقت سے نہیں ملتا۔ اس کا حل یہ نہیں کہ مادی دنیا کو ترک کر دیا جائے، بلکہ اس کا حل یہ ہے کہ انسان اپنی روح کی حقیقت کو پہچانے اور اس کی جستجو میں خود کو نئے سرے سے دریافت کرے۔

اختتاماً، ہم یہ کہہ سکتے ہیں کہ مادیت پرستی ایک فریب ہے جو انسان کو اس کے اصل مقصد سے منحرف کر دیتی ہے۔

جب تک انسان اپنی روح کی حقیقت کو نہیں پہچانتا، وہ اس فریب میں مبتلا رہتا ہے اور اپنی حقیقی خوشی سے دور رہتا ہے۔ صرف وہی انسان سچا سکون حاصل کرتا ہے جو اپنی اندرونی حقیقت کو تسلیم کرتا ہے اور اس کی جستجو میں زندگی گزارنے کا ارادہ کرتا ہے۔

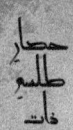

حرمین طارق

شخصیت پرستی: فکری زوال کا آغاز

شخصیت پرستی ایک فکری بیماری ہے جو انسان کو اس کی آزاد فکر سے بیگانہ کر دیتی ہے اور اسے اندھی تقلید کی طرف دھکیل دیتی ہے۔ یہ ایک ذہنی جال ہے جس میں انسان اپنے عقلی و فکری وسائل کو شخصیت کے بت کے قدموں میں قربان کر دیتا ہے، جس سے اس کی ذہنی آزادی ختم ہو جاتی ہے۔ اس میں انسان کی سوچ اور فیصلے اس کی اپنی نہیں، بلکہ اس شخصیت کے اثر میں جکڑے ہوتے ہیں، اور وہ ایک بے جان مجسمہ بن کر رہ جاتا ہے۔

شخصیت پرستی ایک روحانی غلامی ہے،
جو فرد کو خود شناسی کے سفر سے روکتی ہے۔ اس میں انسان کا داخلی ادراک مفقود ہو جاتا ہے اور وہ کسی غیر حقیقی شخصیت کی پوجا میں محصور رہتا ہے۔ اس سے نہ صرف اس کی فکری آزادی ختم ہوتی ہے بلکہ وہ اپنی حقیقت سے بھی بے خبر رہ جاتا ہے۔ شخصیت پرستی اس وقت زیادہ اثر انداز ہوتی ہے جب عقیدت حقیقت سے بالاتر ہو کر ایک علامتی شخصیت کی پوجا میں بدل جائے۔

یہ ایک معاشرتی جمود پیدا کرتی ہے،
جہاں سچائی کے تمام راستے مسدود ہو جاتے ہیں اور فرد یا قوم حقیقت سے منحرف ہو جاتی ہے۔ شخصیت پرستی کے اس اثر میں انسان اپنے عقل و شعور کی آزادی کھو دیتا ہے اور اپنے آپ کو غیر حقیقی اصولوں اور کرداروں کے تابع کر دیتا ہے۔

قرآن مجید میں اللہ تعالیٰ فرماتے ہیں:

ترجمہ:
"کیا تم مجھے چھوڑ کر ان کو معبود بنا رہے ہو اور وہ تمہارے دشمن ہیں؟ یہ ظالموں کا بہت برا بدل ہے۔"
(النساء:117)

"یہ آیت اس بات کی طرف اشارہ کرتی ہے کہ اللہ کے سوا کسی بھی شخصیت یا عبادت کو معبود بنانا یا اس کے لیے خصوصیت کی پوجا کرنا سراسر غلط ہے۔"
اس میں ہمیں بتا دیا گیا ہے کہ جو انسان خدا کے سوا کسی شخصیت کو اعلیٰ درجہ دیتا ہے، وہ در اصل اپنی فطری حقیقت سے منحرف ہو جاتا ہے۔

شخصیت پرستی انسان کی فکر کو اس کے اصل مقصد سے ہٹا دیتی ہے،
جیسے ایک کشتی جو ساحل تک پہنچی بھی تو طوفان میں گم ہو گئی۔ یہی شخصیت پرستی کا فریب ہے، جو انسان کو اس کی حقیقت سے دور لے جاتا ہے۔

شخصیت پرستی کے سحر میں ڈوبی فکر کی کشتی
ساحل تک پہنچی بھی تو طوفان میں گم ہو گئی

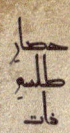

عمرِ جواں: وقت کی سنگلاخ حقیقت

عمرِ جواں، وہ لمحہ فریبی ہے جو وقت کی بے رحم رفتار میں دب کر فنا ہو جاتا ہے۔ یہ زندگی کا وہ مرحلہ ہے جہاں انسان اپنے آپ کو لافانی سمجھتا ہے، اور پھر اسی بے وقوفی میں، وہ جوانی کی سرشاری اور قوت کو ہمیشہ کے لیے مان لیتا ہے۔ لیکن وقت کی گمنام دھار، آہستہ آہستہ، اس سرشاری کو چکنا چور کر دیتی ہے اور انسان کو حقیقت کا پتا چلتا ہے کہ ہر شے کی عمر ایک مخصوص حد سے آگے نہیں بڑھ سکتی۔

جوانی کی خوشبو، جو کبھی کائنات کے مرکز کی مانند محسوس ہوتی تھی، دراصل وقت کے ہاتھوں ایک عارضی سراب تھی۔ یہ سرشاری جتنی حقیقت کی نظر آتی ہے، اتنی ہی دھندلی اور فانی ہے۔ جب انسان اس لمحے کی لذت میں غرق ہوتا ہے، وہ اکثر اس حقیقت کو نظر انداز کر دیتا ہے کہ یہ خوشبو دیرپا نہیں ہے، اور جو کچھ اس نے سمجھا ہے، وہ محض ایک فریب ہے۔

وقت کا بے رحم کھیل اس وقت واضح ہوتا ہے جب وہ لذتیں جو کبھی لازوال محسوس ہوئیں، اب مٹی میں مل کر بے معنی ہو جاتی ہیں۔ وقت کی بے پناہ رفتار ان لمحات کو معدوم کر دیتی ہے جنہیں انسان نے ہمیشہ کے لیے برقرار رکھنے کا خیال کیا تھا۔ یہی وہ لمحہ فریبی ہے جو انسان کو اپنی گہرائیوں میں بے بسی اور مایوسی کا احساس دلانے کے لیے کافی ہے۔

حضرت علی (علیہ السلام) کا فرمان ہے:

"جوانی کی سرشاری کی مدت مختصر ہوتی ہے، اور یہ وہ چمکدار شمع ہے جو جلنے کے بعد مٹ جاتی ہے۔"

اس اقتباس میں یہ حقیقت ہے کہ جوانی کا ہر لمحہ، ہر لذت، اور ہر سرشاری عارضی ہے، اور جب تک انسان اس حقیقت کو نہیں سمجھتا، وہ زندگی کی حقیقت کو ماضی کی یادوں میں گم کر دیتا ہے۔

جوانی کی سرشاری میں بہک گئے تھے ہم
وقت نے پلٹ کر جب دیکھا، تو خاک ہو گئے

جسم اور روح

جسم اور روح کا رشتہ ایک ایسے دوہرے وجود کا ہے جو ایک دوسرے کے بغیر مکمل نہیں ہو سکتے، اور پھر بھی وہ ایک دوسرے سے جدا رہتے ہیں۔ جسم مادی دنیا کا قیدی ہے، جو وقت کی بے رحم دھار میں محو ہو کر مٹ جاتا ہے۔ روح، اس کے برعکس، لامحدود کی پرواز کرتی ہے، ایک ابدی سفر پر گامزن رہتی ہے۔ جسم کی تمام ضروریات دنیاوی ہیں، لیکن روح کی جستجو ماورائی ہے، جو ہمیشہ کے لیے آگے بڑھتی رہتی ہے۔

جسم کا زوال، جو فطری ہے، ایک اٹل حقیقت ہے۔ یہ زمین کی گہرائیوں میں گم ہو جاتا ہے، لیکن روح کا سفر کبھی نہیں رکتا۔ روح ہمیشہ جوان رہتی ہے، کیونکہ اس کا تعلق کسی مادی حقیقت سے نہیں، بلکہ ایک ابدی، غیر محسوس دنیا سے ہے۔ جب جسم کی کمزوریاں اسے مفلوج کر دیتی ہیں، تب روح کا سفر محدود ہو جاتا ہے، مگر پھر بھی اس کی موجودگی جسم کو زندگی بخشتی ہے، اور یہ تضاد انسان کے وجود کی سب سے بڑی حقیقت بنتا ہے۔ یہ مسلسل کشمکش، جہاں جسم اور روح کے درمیان توازن برقرار رہنا ہوتا ہے، انسان کی حقیقت کا حصہ ہے۔

حضرت علی (علیہ السلام) کا فرمان ہے:

"جسم روح کا گھر ہے؛ جب تک جسم اپنی طاقت میں ہوتا ہے، روح بھی صحت مند رہتی ہے، لیکن جب جسم سست پڑتا ہے، روح پر اثر پڑتا ہے۔"

یہ قول ہمیں یہ سکھاتا ہے کہ جسم کے تمام اثرات عارضی ہیں، اور انسان کی حقیقی شناخت اس کی روح میں مضمر ہے۔ جسم اور روح کے درمیان موجود یہ کشمکش ایک گہری حقیقت ہے جو انسان کو اس کی داخلی حقیقت کی تلاش میں لگا دیتی ہے، اور اس کے تمام داخلی تضادات کو اجاگر کرتی ہے۔

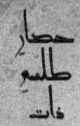

اصل زوال

اصل زوال اس وقت شروع ہوتا ہے جب انسان اپنی اخلاقی اقدار کو پس پشت ڈال کر مادیت کی دوڑ میں گم ہو جاتا ہے۔ یہ زوال کا آغاز ہمیشہ اندرونی ہوتا ہے، جب انسان اپنی روحانیت اور اخلاقی اصولوں سے منحرف ہو کر صرف ظاہری دنیا کی طرف متوجہ ہوتا ہے۔ انسان جب اپنی حقیقت اور ضمیر کی آواز کو نظر انداز کرتا ہے، تو وہ مادیت کی عارضی لذتوں کی طرف بڑھتا ہے، اور اس سے روحانیت کی خلا بڑھتی جاتی ہے۔

زوال آہستہ آہستہ بیرونی دنیا میں بھی ظاہر ہوتا ہے، جہاں معاشرتی اقدار، انصاف اور سچائی کا پیمانہ بگڑ جاتا ہے۔ انسان کی نظر میں اخلاق اور ضمیر کی اہمیت کم ہو جاتی ہے، اور وہ محض خود غرضانہ خواہشات کی پیروی کرتا ہے۔ اس کا اثر اس کی شخصیت اور معاشرتی تعلقات پر پڑتا ہے، اور وہ اپنی انسانیت کو کھو بیٹھتا ہے۔

جب انسان اپنے اخلاقی اصولوں کو نظر انداز کرتا ہے، تو وہ خود کو ایک مادی مشین میں تبدیل کر لیتا ہے، جس کے فیصلے صرف مفاد پر مبنی ہوتے ہیں۔ اس کی زندگی میں سکون کی جگہ کمی اور غم لے آتا ہے، کیونکہ وہ اپنی اصل حقیقت سے دور ہو چکا ہوتا ہے۔ جب اخلاقی اقدار میں انحطاط آتا ہے، تو فرد اور سماج دونوں میں انتشار پھیلتا ہے۔

یہ اصل زوال ہے، جو انسان کو اس کی تقدیر سے منحرف کر دیتا ہے اور اسے بے مقصد زندگی کی طرف دھکیل دیتا ہے۔

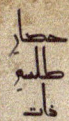

اخلاق کا معیار

اخلاق کا معیار ایک نفیس پیمانہ ہے جو انسان کی روح میں دبی ہوئی حقیقتوں کا آئینہ دار ہوتا ہے، مگر یہ پیمانہ وقت کی ٹھوس دھار میں لچک دکھاتا ہے اور مسلسل ارتقا پذیر رہتا ہے۔ اخلاقی معیار وہ لازوال آئینہ ہے جو انسان کے اعمال کی حقیقت کو بے نقاب کرتا ہے، اور اس کی فطری جبلت کو اچھائی اور برائی کے درمیان باریک ترین فرق سمجھانے کا ذریعہ بنتا ہے۔ تاہم، یہ معیار کبھی بھی مستقل یا جامد نہیں رہتا، کیونکہ یہ انسان کی داخلی کیفیات، اجتماعی اثرات، وقت کے متغیر تقاضوں اور ذاتی مفادات کے تحت مسلسل تشکیل پاتا ہے۔

مگر اخلاق کا اصل معیار وہ نہیں جو وقتی یا سطحی ہو، بلکہ وہ معیار ہے جو ہر حالت میں انصاف، سچائی، اور انسانیت کی قدروں کو اولین ترجیح دیتا ہے، چاہے حالات کتنے بھی پیچیدہ یا متنازعہ کیوں نہ ہوں۔ یہی وہ معیار ہے جس پر ثابت قدم رہنا انسان کے اخلاقی بقاء کا ضامن ہے۔ جب انسان اس معیار کو فراموش کر کے اپنی خواہشات اور ذاتی مفادات کے پیچھے دوڑنے لگتا ہے، تو اس کا اخلاقی زوال شروع ہو جاتا ہے، اور وہ داخلی طور پر شکست و ریخت کا شکار ہو جاتا ہے۔

یہ زوال تب سامنے آتا ہے جب انسان کی اخلاقی فطرت محض عارضیت کے زیرِ اثر بدل جاتی ہے، اور وہ اپنی اقدار سے منہ موڑ کر صرف وقتی تسکین اور سطحی لذتوں کی طرف متوجہ ہو جاتا ہے۔ اس طرح، انسان کی حقیقی انسانیت اور اس کے داخلی سکون کا سفر رک جاتا ہے، اور وہ کبھی بھی اپنی حقیقت سے ہم آہنگ نہیں ہو پاتا۔

حرمین طارق

انا کی جڑیں اور خودفریبی کا جال

انسان کی انا در اصل ایک پیچیدہ جال ہے، جس میں خودفریبی کی جڑیں بہت گہرائی تک پیوست ہوتی ہیں۔ انا، جو انسان کو اپنے وجود کا شعور دیتی ہے، اس کی فطرت میں ایک ایسی طاقت پوشیدہ رکھتی ہے جو اسے دوسروں سے ممتاز کرتی ہے، مگر یہ طاقت جب حد سے تجاوز کرتی ہے تو یہ خود کی حقیقت سے بے خبری کا سبب بن جاتی ہے۔ انا انسان کے ذہن میں ایک وہم پیدا کرتی ہے، جو اسے اپنے آپ کو کائنات کا مرکز سمجھنے پر اکساتی ہے، اور یہی وہم خود کو حقیقت سے منسلک کرنے کی بجائے اس سے دور کر دیتا ہے۔

یہ انا، خود سے محبت اور خود کو مکمل سمجھنے کی ایک مجازی حالت پیدا کرتی ہے، جو انسان کے اندر ایک عالمگیر تسلسل کی خواہش کو بڑھاتی ہے۔ انا کی یہ حالت، جو بظاہر انسان کی خودمختاری کا مظہر نظر آتی ہے، درحقیقت اس کی آزادی کو قید میں بدل دیتی ہے۔ انسان اپنی غلطیوں کو تسلیم کرنے سے گریز کرتا ہے، کیونکہ اس کی انا اسے یہ باور کراتی ہے کہ وہ غلط نہیں ہو سکتا۔ اور یوں، یہ خودفریبی انسان کو اپنی حقیقت سے دور لے جاتی ہے۔

انسان جب اپنی انا کے جال میں پھنس جاتا ہے تو وہ اپنے اندر کے تضادات کو تسلیم کرنے کی بجائے ان سے انکار کرتا ہے۔ وہ یہ ماننے سے انکار کرتا ہے کہ وہ بھی کمزور ہو سکتا ہے، کہ وہ بھی گمراہی کی طرف جا سکتا ہے۔ یہی انا کی طاقت ہے جو انسان کو بے حقیقت دنیا میں گم کر دیتی ہے۔ یہ جڑیں اتنی گہری ہوتی ہیں کہ انسان ان سے آزاد ہونے کی کوشش کرتا ہے، مگر ان کے جال میں الجھ کر وہ اپنی سچائی کو کھو دیتا ہے۔

یہ خودفریبی انسان کو اس کی اصل حقیقت سے دور کر دیتی ہے اور اسے ایک جھوٹے، محدود اور تکلفی وجود میں بدل دیتی ہے۔ انسان کا یہ گمراہ کن تصور اس کی سچائی اور انسانیت کی اصل روح سے منحرف کر دیتا ہے۔ وہ خود کو ایک ایسے آئینے میں دیکھتا ہے جو اس کی حقیقت کو دھندلا دکھاتا ہے، اور وہ اپنی سچائی کو صرف اس وقت پہچان سکتا ہے جب وہ اپنی انا کو مکمل طور پر مٹا کر حقیقت کا سامنا کرتا ہے۔

خودفریبی کا جال، انسان کے شعور کا دشمن ہے جو اسے اپنی سچائی سے دور کر دیتا ہے۔ یہ جال انسان کی بصیرت کو محدود کرتا ہے اور اس کی حقیقت کو محض ایک فریب کی طرح پیش کرتا ہے۔ یہی فریب انسان کی داخلی کشمکش کا باعث بنتا ہے، اور جب تک انسان اپنی انا کو پہچان کر اسے کم نہیں کرتا، وہ اپنی سچائی سے ہم آہنگ نہیں ہو سکتا۔

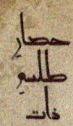

حرمین طارق

تسلسل اور تغیر کا فلسفہ

تسلسل اور تغیر زندگی کے دو بے مثل فلسفیانہ اصول ہیں جو ہر گوشے میں اپنی موجودگی کا احساس دلاتے ہیں۔ تسلسل، جو استحکام کا غماز ہے، ہمیں وقت کے دائرے میں محفوظ رہنے کی ترغیب دیتا ہے، جبکہ تغیر وہ قوت ہے جو ہم سے آگے بڑھنے اور ارتقا کی جانب گامزن رہنے کا تقاضا کرتی ہے۔ تسلسل ہمیں اس بات کا یقین دلاتا ہے کہ جو چیزیں ایک بار قائم ہو گئیں، وہ ہمیشہ قائم رہیں گی، مگر تغیر ہمیں اس حقیقت کا شعور دلاتا ہے کہ دنیا کبھی نہیں رکتی؛ وہ ہمہ وقت تبدیل ہو رہی ہے، اور یہی تبدیلی ہی حیات کی اصل حقیقت ہے۔

"تسلسل کی جڑوں میں چھپی ہوتی ہے سکون کی طلب، مگر تغیر کی لہر میں پوشیدہ ہوتا ہے ارتقا کا عمل۔"

یہ دونوں عناصر، تسلسل اور تغیر، بظاہر متضاد ہیں، مگر حقیقت میں ان کا رشتہ ایک دوسرے سے گہرا اور پیچیدہ ہے۔ تسلسل، وقت کو قابو میں رکھنے کی کوشش کرتا ہے، مگر تغیر وقت کے بہاؤ کو بڑھا کر، اس کے طبعی دائرے کو عبور کرتا رہتا ہے۔ یہ دونوں ایک دوسرے کے بطن میں سانس لیتے ہیں؛ جب تک تسلسل قائم رہتا ہے، تغیر کے اثرات آنکھوں سے اوجھل رہتے ہیں، اور جب تغیر دروازہ کھولتا ہے، تو تسلسل کا پائیدار حصہ ایک نئی حقیقت کے قالب میں ڈھل جاتا ہے۔

"زندگی کا راز، تسلسل اور تغیر کے سنگم میں پوشیدہ ہے۔ جب تسلسل اپنی جگہ ترک کرتا ہے، تغیر کا دروازہ کھلتا ہے، اور جب تغیر نے اپنی راہ منتخب کر لی، تسلسل اسے نئی صورت دیتا ہے۔"

ان دونوں کے درمیان یہ خاموش جنگ ایک ابتر لیکن لازمی حقیقت ہے۔ یہ جنگ ایک لمحے میں جیتتی ہے، پھر اگلے لمحے ہار جاتی ہے، مگر اس کا نتیجہ کبھی مکمل طور پر طے نہیں ہوتا۔ حقیقت یہ ہے کہ ہر تغیر کی جڑ میں تسلسل کا کوئی نہ کوئی عنصر ضرور ہوتا ہے، اور ہر تسلسل کسی نہ کسی تبدیلی کے اثر سے گزرتا ہے۔ اس میں نہ صرف وقت کی آہنگی ہے، بلکہ انسان کے ذاتی وجود کا بھی ایک گہرا تعلق ہے۔ ہم چاہتے ہیں کہ ہم ایک ہی حالت میں رکے رہیں، مگر وقت کی مانند ہم بھی ہمیشہ بدلتے رہتے ہیں۔

"ہم، جو وقت کی گزرگاہ میں لمحہ لمحہ اپنا سفر طے کرتے ہیں، دراصل تسلسل اور تغیر کے درمیان ڈوبتے اور ابھرتے ہوئے آئینے کی طرح ہیں۔"

زندگی کی اصل حقیقت اسی توازن میں پوشیدہ ہے جہاں تسلسل اور تغیر کا کھیل جاری رہتا ہے۔ ہم کبھی بھی مکمل طور پر ایک طرف نہیں جا پاتے، کیونکہ دونوں میں ایک دوسرے کا ردعمل اور ارتباط ہوتا ہے۔ ہم کبھی تسلسل کے پناہ میں آرام وہ محسوس کرتے ہیں، اور کبھی تغیر کے بے رحم بہاؤ میں غرق ہو جاتے ہیں۔ یہ دونوں ہمارے وجود کی حقیقت ہیں، اور ان کی ہم آہنگی میں ہی ہماری حقیقت کا راز چھپا ہوتا ہے۔

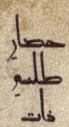

خاموشیوں کا فلسفہ اور لاشعور کی گہرائی

خاموشیاں دراصل وہ پردے ہیں جو ہمارے لاشعور کی گہرائیوں کو چھپائے رکھتے ہیں۔ خاموشی کی کوئی آواز نہیں ہوتی، مگر یہ لاشعور کی سب سے گہری زبان ہوتی ہے جو ہمیں اپنے اندر جھانکنے کی دعوت دیتی ہے۔ جب تک ہم اپنے ذہن کے شور میں ڈوبے رہتے ہیں، ہمیں لاشعور کی حقیقت کا پتا نہیں چلتا، لیکن خاموشی ہمیں اس لاشعور کی حقیقت سے آشنا کرتی ہے۔

"خاموشی وہ زبان ہے جس میں کوئی لفظ نہیں ہوتا، مگر ہر لفظ کی حقیقت چھپی ہوتی ہے۔"

لاشعور میں وہ خیالات، جذبات، اور خوف دفن ہوتے ہیں جو شعور کی سطح پر کبھی ظاہر نہیں ہوتے۔ خاموشی ہمیں ان گہرائیوں تک لے جاتی ہے جہاں یہ دفون حقیقتیں پوشیدہ ہوتی ہیں۔ یہ گہرائیاں ہمیں ہماری اصل حقیقت سے ملاتی ہیں، وہ حقیقت جو وقت کی دھند میں چھپی ہوئی ہوتی ہے۔ ان گہرائیوں میں چھپے راز اکثر ہمیں حیرت میں ڈال دیتے ہیں کیونکہ وہ ہماری ذات کے ایسے پہلو ہیں جن سے ہم انجان رہتے ہیں۔

"خاموشی کی گہرائی میں جو بات نہیں کہی جاتی، وہ حقیقت کی سب سے عظیم گواہی ہوتی ہے۔"

خاموشی کا فلسفہ ہمیں یہ سکھاتا ہے کہ الفاظ کی عدم موجودگی میں بھی ایک گہری گفتگو ہو سکتی ہے، کیونکہ خاموشی میں موجود ہر وقفہ ایک نئی حقیقت کی جانب قدم بڑھاتا ہے۔ یہی فلسفہ ہمیں بتاتا ہے کہ جب ہم زبان کو روک کر دل سے سچائی کو سننا شروع کرتے ہیں، تب ہی ہم اپنے لاشعور کی آواز کو سننے کے قابل ہوتے ہیں۔ وہ آواز جو ہمیشہ ہم میں ہوتی ہے، مگر جو ہم نے کبھی نہیں سنی۔

"خاموشی میں چھپی حقیقتیں اکثر آوازوں سے زیادہ صاف اور واضح ہوتی ہیں۔"

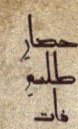

تصور کی طاقت اور حقیقت کا زوال

تصور ایک ایسی طاقت ہے جو حقیقت کو مٹانے کی صلاحیت رکھتی ہے۔ یہ طاقت انسان کو اس کی حقیقت سے ہٹاتی ہے، اور اس کے دل و دماغ کو ایک خیالی دنیا میں گم کر دیتی ہے۔ جب انسان اپنی تصورات کی دنیا میں غرق ہو جاتا ہے، تو حقیقت کی شکل دھندلی اور بے رنگ ہو جاتی ہے۔ حقیقت کے اجزاء ہمیں بوجھ محسوس ہونے لگتے ہیں، اور یہ بوجھ آخر کار انسان کی نظر میں ایک غیر ضروری بوجھ بن جاتا ہے۔

"تصور، حقیقت کا رنگ بدلتا ہے، مگر حقیقت خود کو پھر بھی پہچان لیتی ہے۔"

تصور ایک ایسی دنیا تخلیق کرتا ہے جہاں کوئی پابندی نہیں ہوتی، اور یہ لامحدود آزادی انسان کو اپنے خوابوں میں سر کرنے کی دعوت دیتی ہے۔ لیکن یہ آزادی، جو ایک لذت بن کر سامنے آتی ہے، حقیقت کے زوال کا آغاز بھی بنتی ہے۔ جہاں ایک طرف تصور کی طاقت ہمیں حقیقت کے بوجھ سے آزاد کرتی ہے، وہیں دوسری طرف یہ ہمیں ایک فریب کی دنیا میں قید کر دیتی ہے، جو حقیقت سے دور اور گمراہ کن ہوتی ہے۔

"آزادی کا خواب، حقیقت کی قید کی ابتدا ہوتا ہے۔"

حقیقت وقت کے ساتھ ساتھ مٹتی چلی جاتی ہے، جیسے ہر لمحہ ایک نئی پرت کو چھپا لے، اور ہم کبھی نہیں جان پاتے کہ وہ حقیقت کیا تھی جو وقت کے دھارے میں بہہ گئی۔ اس کے برعکس، تصور ہمیشہ قائم رہتا ہے، ایک لامتناہی خیال کی طرح جو انسان کی مرضی کے مطابق تبدیل ہوتا رہتا ہے۔ یہ طاقت انسان کو حقیقت کی گرفت سے آزاد کرتی ہے، مگر اس آزادی کا حاصل ایک فریب بن جاتا ہے۔

"جب تصور حقیقت پر غالب آجاتا ہے، تب ہم اپنی سچائی کو کھو دیتے ہیں۔"

حقیقت اور تصور کا یہ توازن ہمیشہ برقرار نہیں رہتا، اور یہی توازن کا بگڑنا حقیقت کے زوال کا آغاز ہوتا ہے۔ جب تصور نے حقیقت کو بے اثر کر دیا، انسان اپنی اصل حقیقت سے بے گلہ ہو جاتا ہے، اور وہ اپنی ذات میں ایک غیر معصوم سراب بن جاتا ہے۔

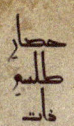

احساسِ ذات اور بقا کی جستجو

احساسِ ذات وہ داخلی شعور ہے جو انسان کو اپنی بقا کی جستجو کی طرف راغب کرتا ہے۔ یہ شعور ہمیں ہماری حقیقت سے آشنا کرتا ہے اور یہ یقین دلاتا ہے کہ ہم کچھ ہیں، اور یہی کچھ ہونا ہی ہماری بقا کا ضامن ہے۔ ہم اپنی موجودگی کو تسلیم کرتے ہیں، اور اسی تسلیمات میں اپنی ذات کا سچائی کے ساتھ سامنا کرتے ہیں۔

"اپنی حقیقت کو جاننا، بقا کی جستجو کی پہلی منزل ہے۔"

یہ جستجو ہمیشہ جاری رہتی ہے، کیونکہ انسان کا احساسِ ذات کبھی مکمل تسکین نہیں پا سکتا۔ وہ ہمیشہ اپنے آپ کو تلاش کرتا رہتا ہے، مگر اس سفر کی حقیقت یہ ہے کہ بقا ہمیشہ ایک سوال بن کر سامنے آتی ہے۔ جیسے جیسے انسان اپنی ذات کی گہرائیوں میں سفر کرتا ہے، وہ احساسِ ذات کی حدود کو پار کرنے کی کوشش کرتا ہے، مگر یہ حدود کبھی بھی متعین نہیں ہو پاتیں۔

"ذات کی جستجو میں کوئی انتہائی نہیں، کیونکہ ہر تکمیل ایک نیا آغاز بن جاتی ہے۔"

یہ حدود ہمیشہ پھیلتی رہتی ہیں، اور انسان اپنی بقا کو مضبوط کرنے کی کوشش میں خود کو پیچیدہ بنا لیتا ہے۔ وہ اپنے آپ کو بہتر بنانے کی کوشش میں کبھی مکمل نہیں ہو پاتا، کیونکہ بقا کی جستجو، اپنے اندر پیچیدگیاں پیدا کرتی ہے۔ ہر قدم پر، وہ مزید سوالات کے ساتھ سامنا کرتا ہے، اور اس کے اندر بے چینی بڑھتی جاتی ہے۔

"زندگی کی حقیقت یہ ہے کہ بقا کی جستجو ایک نہ ختم ہونے والی تلاش ہے۔"

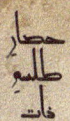

وجودیت اور خلا کا فلسفہ

وجودیت اور خلا کا فلسفہ آپس میں گہرے تعلق میں ہیں، کیونکہ دونوں انسان کی زندگی کی حقیقت کو سمجھنے کی کوشش کرتے ہیں۔ وجودیت ہمیں بتاتی ہے کہ انسان کی زندگی کا کوئی پیشگی مقصد نہیں ہوتا، اور ہر فرد کو اپنی زندگی کا مفہوم خود تخلیق کرنا پڑتا ہے۔ انسان کا وجود محض ایک حادثہ نہیں، بلکہ اس کی ذات کا مفہوم ہر لمحے کے فیصلوں، اعمال، اور خیالات میں پنہاں ہے۔

خلا کا فلسفہ اس حقیقت کو مزید گہرا کرتا ہے کہ جب انسان اپنی زندگی میں ایک خاص مقصد کو تلاش نہیں کر پاتا، تو اس کی ذات میں خلا پیدا ہو جاتا ہے۔ یہ خلا ایک غیر محسوس حقیقت ہے جو انسان کے اندرونی خلا اور مایوسی کی صورت میں ظاہر ہوتی ہے، اور اس کی سوچوں کو بے اثر کر دیتی ہے۔ اس خلا کی گہرائی میں انسان کا احساسِ وجود کمزور پڑتا ہے، مگر اسی خلا میں تخلیقی صلاحیتیں بھی جنم لیتی ہیں۔

خلا ایک خلا کے طور پر انسان کی ذہنی حالت کو ظاہر کرتا ہے، جہاں خیالات کا بہاؤ بے ترتیب ہوتا ہے اور کوئی ٹھوس حقیقت نہیں ہوتی۔ اس خلا میں نئے خیالات پیدا ہوتے ہیں، لیکن ان کا کوئی حقیقی وجود نہیں ہوتا۔ وہ صرف خیالات کی صورت میں زندہ رہتے ہیں، اور اپنی حقیقت سے جدا ہوتے ہیں۔

وجودیت اور خلا کا یہ فلسفہ انسان کی آزادی اور اس کی بے بسی کو ایک ہی وقت میں ظاہر کرتا ہے۔ انسان آزاد ہے کہ وہ اپنی زندگی کا مفہوم تخلیق کرے، مگر ساتھ ہی وہ خلا اور غیر یقینی کی حالت میں پھنس بھی جاتا ہے، جہاں اسے اپنی موجودگی کا سوال اٹھانا پڑتا ہے۔

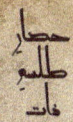

فریبِ یادداشت اور حقیقت کی تبدیلی

یادداشت، انسان کی اندرونی حقیقت کا ایک عکس ہے، جو وقت کے ساتھ مسلسل تبدیل ہوتی رہتی ہے۔ یہ ایک دھوکہ ہے جو حقیقت کو ایک مخصوص شکل میں پیش کرتا ہے، جس کا اصل حقیقت سے کوئی تعلق نہیں ہوتا۔ حقیقت ہمیشہ بدلتی رہتی ہے، مگر یادداشت اس تبدیلی کو روک کر اسے ایک جامد صورت میں محفوظ کر لیتی ہے، جس سے وہ ایک غیر متحرک شبیہ بن جاتی ہے۔ یادداشت کا یہ فریب اس وقت سر اٹھاتا ہے جب ہم اس پر بھروسہ کر کے اسے حقیقت سمجھنا شروع کرتے ہیں، حالانکہ یہ وہی حقیقت نہیں ہوتی جو اصل میں وقوع پذیر ہوئی ہوتی ہے۔

یادداشت کی حقیقت میں ہمیشہ ایک کمی ہوتی ہے؛ یہ ہمیں وہ یادیں پیش کرتی ہے جو ہم اپنی خواہشات اور جذبات کے مطابق تبدیل کر لیتے ہیں، لیکن حقیقت کی جڑیں ان یادوں کے اندر سے باہر نکل آتی ہیں۔ یہ ایک مستقل تضاد پیدا کرتا ہے، کیونکہ یادداشت اور حقیقت کبھی ہم آہنگ نہیں ہو پاتیں۔ ہم اپنے ماضی کو اس انداز میں یاد کرتے ہیں جو ہمیں پسند آتا ہے، اور اسی میں ہم حقیقت کو دفن کر دیتے ہیں۔

سب سے بڑی پیچیدگی یہ ہے کہ انسان اپنی یادداشت کو حقیقت سمجھنے لگتا ہے، اور اس طرح وہ ایک ایسی دنیا میں جیتا ہے جو حقیقت میں وجود نہیں رکھتی۔ اس فریب کی وجہ سے حقیقت کے پیمانے ہمیشہ متزلزل رہتے ہیں، اور انسان اپنی زندگی کے فیصلہ کرنے میں الجھن کا شکار ہو جاتا ہے۔ یادداشت کی یہ مختصر اور متزلزل تصویر ہمیں حقیقت سے دور کرتی ہے، اور ہمیں ایک ایسی حقیقت میں قید کر دیتی ہے جو محض ایک فریب کے سوا کچھ نہیں۔

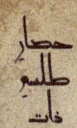

خواب اور حقیقت کے درمیان کی سرحد

خواب اور حقیقت کے درمیان ایک انتہائی باریک اور ناپیدا سرحد ہے، جو انسان کے ذہن کی تخلیق ہے۔ یہ سرحد کبھی واضح نہیں ہوتی، اور اکثر ہمارے شعور کی گہری تہوں میں چھپ جاتی ہے۔ خواب، جو بظاہر فریب کا ایک پہلو ہیں، حقیقت کی صورت اختیار کرتے ہیں جب وہ ہمارے اندرونی تجربات کا حصہ بن جاتے ہیں۔ یہ خواب ہمارے شعور میں اس طرح جاگتے ہیں کہ حقیقت کی تعریف تبدیل ہو جاتی ہے، اور انسان ایک ایسے عالم میں گم ہو جاتا ہے جہاں حقیقت اور خواب کے درمیان کی لکیر دھندلی پڑ جاتی ہے۔

جب خواب ہماری زندگی میں اتنی شدت سے دخل اندازی کرتے ہیں کہ وہ حقیقت کا حصہ بننے لگتے ہیں، تو ہمارے لیے ان دونوں کے درمیان فرق کرنا مشکل ہو جاتا ہے۔ حقیقت وہ ہے جو ہم بیداری میں جیتے ہیں، اور خواب وہ ہیں جو ہمارے ذہن میں سوتے ہوئے بن جاتے ہیں۔ مگر، جب یہ دونوں ایک دوسرے میں ضم ہو جاتے ہیں، تو انسان اپنی حقیقت کو ایک متنازع خیال کے طور پر دیکھنے لگتا ہے۔

یہ سرحد دراصل انسان کے ذہن کی تخلیق ہے، جو اپنے وجود کی حفاظت کے لیے خواب اور حقیقت کو ایک دوسرے سے الگ رکھنے کی کوشش کرتا ہے۔ ذہن چاہتا ہے کہ دونوں کے درمیان فرق رہے تاکہ اس کی حقیقت کو مستحکم رکھا جا سکے، لیکن یہ سرحد ایک لمحے میں ختم ہو جاتی ہے جب ہم اپنی حقیقت کو خوابوں میں گم کر دیتے ہیں۔

یہی وہ لمحہ ہے جب انسان اپنی حقیقت کے تذبذب کا شکار ہو جاتا ہے اور اپنی شناخت کی تلاش میں ایک نئے سراب کا پیچھا کرتا ہے۔ اس سرحد کا مٹنا دراصل انسان کی ذہنی حالت کی پیچیدگیوں کو ظاہر کرتا ہے، اور یہ وہ فلسفیانہ سطح ہے جہاں خواب اور حقیقت کی تفریق مٹ جاتی ہے۔

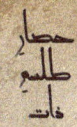

وقت کی لچک اور انسانی ارادہ

وقت ایک لچکدار حقیقت ہے، جو انسان کے ارادے سے جڑ کر اپنی سمت بدلتا رہتا ہے۔ یہ لچک ہمیں وقت کی حقیقت کو مختلف انداز میں محسوس کرنے کی صلاحیت دیتی ہے، لیکن اس کے بہاؤ کی مستقل نوعیت ہمیں اس کے اثرات سے آزاد نہیں رکھتی۔ انسانی ارادہ وقت کو اپنے مطابق ڈھالنے کی کوشش کرتا ہے، لیکن حقیقت یہ ہے کہ وقت کا اصل اختیار انسان کے بس سے باہر ہے۔

وقت کی لچک ہمیں کبھی قیدی بناتی ہے، اور کبھی آزاد ہونے کا گمان دلاتی ہے۔ وہ لمحے جو ہم گزر چکے ہیں، کبھی ہمارے ارادوں کے مطابق نہیں ہوتے، لیکن ان لمحوں کو یاد کر کے ہم اپنے ارادوں کو نئے سرے سے سمجھنے کی کوشش کرتے ہیں۔ یہ لچک ہمیں وقت کی سخت حقیقت سے جڑ کر ہمارے ارادے کی طاقت کی حدود کو سمجھنے میں مدد دیتی ہے۔

وقت کی لچک کا یہ پہلو انسانی ارادے کو دونوں سمتوں میں متحرک کرتا ہے۔ یہ ہمیں مستقبل کی طرف امید کی کرن دکھاتی ہے، لیکن ماضی کی یادیں اور فیصلے ہمیں ان حصوں میں قید کر دیتے ہیں جہاں ہم ماضی کو بدلنے کی کوشش کرتے ہیں۔ اسی طرح، وقت کے ساتھ ارادے کا تعلق پیچیدہ ہو جاتا ہے، جہاں ہر لمحہ ایک نئے امکان کی جانب اشارہ کرتا ہے، اور ہم اس بہاؤ میں ایک چھوٹے ذرے کی طرح محصور رہتے ہیں۔

یہ پیچیدہ تعلق وقت اور ارادے کی حقیقت کو واضح کرتا ہے کہ انسانی خواہشات، آراء اور فیصلے وقت کے بہاؤ کو روک نہیں سکتے، لیکن وہ وقت کے اثرات کے ساتھ جڑ کر زندگی کی سمت کو تبدیل کرنے کی کوشش کرتے ہیں۔

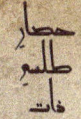

وجود کا فریب اور خود شناسی کا سفر

وجود کا فریب ایک ایسی حقیقت ہے جو ہم اپنی روزمرہ زندگی میں جیتے ہیں، مگر اس کا اصلی مفہوم ہمیں کبھی مکمل طور پر سمجھ نہیں آتا۔ یہ فریب ہمیں یہ گمان دلاتا ہے کہ جو ہم ہیں، وہی ہماری اصل حقیقت ہے، لیکن حقیقت یہ ہے کہ ہم ہمیشہ خود شناسی کے سفر پر گامزن رہتے ہیں، اور یہ سفر کبھی ختم نہیں ہوتا۔ ہر نئی دریافت ایک نئے فریب کی طرف رہنمائی کرتی ہے، اور ہر فریب نئی حقیقت کی صورت اختیار کرتا ہے۔

خود شناسی کا یہ سفر انسان کی اندرونی پیچیدگیوں کا عکس ہے، جہاں ہر فریب اپنی شکل بدل کر ایک نئی حقیقت میں تبدیل ہو جاتا ہے۔ یہ سفر ہمیں اپنے اندر کی گہرائیوں تک لے جاتا ہے، جہاں ہم اپنی حقیقت کو ڈھونڈنے کی کوشش کرتے ہیں، لیکن ہم ہمیشہ اس تلاش میں گم رہتے ہیں۔

یہ فریب ہمیں اس سفر سے آزاد نہیں ہونے دیتا، اور ہم اپنی ہی تلاش میں سرگرداں رہتے ہیں۔ ہماری کوششیں کبھی مکمل نہیں ہوتیں، اور ہر نئی حقیقت کے ساتھ ہم مزید پیچیدگیوں میں پھنس جاتے ہیں۔ یہ فریب ہمیشہ ہمیں اپنی اصل حقیقت سے دور لے جاتا ہے، اور ہم اس کی تلاش میں اپنی مکمل حقیقت کو سمجھنے سے قاصر رہتے ہیں۔

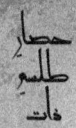

خاموشیوں کا شور

خاموشیاں، باوجود اپنی عدم آواز کے، ایک نہ ختم ہونے والے شور کی طرح ہمارے اندر گونجتی ہیں۔ یہ شور کانوں سے نہیں، بلکہ دل کی گہرائیوں سے سنائی دیتا ہے، جو ہمیں اپنے اندر کی پیچیدگیوں سے آگاہ کرتا ہے۔ خاموشی ایک خاص زبان ہے جو لفظوں کی قید سے آزاد ہو کر اپنی گہری تاثیر کے ساتھ ہمیں متوجہ کرتی ہے۔

یہ شور دل کی ویران وادیوں میں سنائی دیتا ہے، جہاں ہر خاموش لمحہ کئی کہانیاں اپنے اندر سموئے ہوتا ہے۔ خاموشیوں میں چھپے ان رازوں کو سمجھنے کے لیے صرف کانوں کی نہیں، دل کی آنکھوں کی ضرورت ہے، ورنہ یہ آواز، جو ہماری روح میں بجاتی ہے، گم ہو جاتی ہے۔

خاموشی کی گہرائی میں، ایک ساز کی مانند وہ شور ہے جو ہماری اندرونی دنیا کی عکاسی کرتا ہے، ایک ایسا راز جو دل کی ویرانیوں میں بکھرا ہوا ہے، اور جسے پہچاننا ایک گہرا تجربہ ہے۔

خاموشی کی گہرائی میں شور کا اک ساز ہے
یہ دل کے ویرانوں میں بکھرا ہوا راز ہے

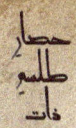

بے چہرہ وجود

بے چہرہ وجود، وہ غلاظت ہے جو ہماری دنیا میں ہر طرف پھیلی ہوئی ہے۔ یہ وجود ہمیں دکھائی تو دیتے ہیں، مگر ان کا چہرہ نہیں ہوتا، کیونکہ یہ نقابوں میں چھپے ہوئے ہیں۔ ہم ان بے چہرہ وجودوں کے درمیان جیتے ہیں، مگر کبھی ان کی حقیقت سے آشنا نہیں ہو پاتے۔ یہی بے چہرہ وجود ہماری دنیا کی اصل خرابی ہیں، جو اپنی حقیقت کو ہم سے ہمیشہ چھپائے رکھتے ہیں، اور اپنے وجود کے غلیظ اور ہر لمحہ بدلتے مکروہ چہروں کو پُر کشش بھتال میں اس طرح پیش کرتے ہیں کہ جیسے اتنا تو خدا ہمارا نہیں جتنا یہ وجود ہمارا ہے مگر محض اِک فریب، چال اور حسین صورت کا وار، وطیرہ ہے ان آسیب پالیتوں کا۔ سو معیار حسن نہیں اصل ہے، کہ جاذبیت اکثر بے چہرہ وجود کی پروردہ ہوتی ہے۔

نقابوں میں چھپے چہرے کبھی عیاں نہ ہوئے
یہ بے چہرہ وجود ہمیں اپنا سا لگا

خوابیدہ سچائیاں

سچائیاں ہمیشہ بیدار نہیں ہوتیں، کچھ سچائیاں خوابیدہ ہوتی ہیں، جو وقت کے ساتھ ساتھ جاگتی ہیں۔ یہ وہ سچائیاں ہیں جو ہماری زندگی کے پُراسرار گوشوں میں چھپی رہتی ہیں، اور جب وہ جاگتی ہیں، تو وہ نہ صرف ہمارے وجود کو چیلنج کرتی ہیں، بلکہ ہر شے کو اپنی نئی حقیقت میں ڈھال دیتی ہیں۔

ان خوابیدہ سچائیوں کا سامنا انسان کے لیے ہمیشہ ایک پیچیدہ اور تکلیف دہ عمل ہوتا ہے۔ جیسے خوابوں میں حقیقت اور فریب کی سرحدیں دھندلی ہو جاتی ہیں، ویسے ہی یہ سچائیاں بھی ہمارے لیے ابتدا میں غیر واضح اور پُراسرار ہوتی ہیں۔ لیکن جب یہ سچائیاں بیدار ہوتی ہیں، تو وہ ہمارے اندر کی عمیق حقیقتوں کو بے نقاب کرتی ہیں۔

یہ سچائیاں ہمیں بسا اوقات حیرت میں بھی ڈالتی ہیں، کیونکہ ان کا سامنے آنا ایک طرح کا اندرونی زلزلہ ہوتا ہے۔ یہ ہمیں زندگی کے دیگر پہلوؤں کی حقیقت دکھاتی ہیں، جس سے ہم یا تو مفر کر لیتے ہیں یا اسے تسلیم کرنے کے بعد اپنی سوچ کا نیا زاویہ اختیار کرتے ہیں۔

خوابیدہ سچائیاں ہر انسان کی زندگی میں ایک خاموش منتظر حقیقت کی طرح موجود رہتی ہیں۔ یہ وہ سچائیاں ہیں جو وقت کے دھارے میں کہیں نہ کہیں ملتی ہیں، جیسے ایک غمگین لمحے میں چھپی ہوئی مسکراہٹ، جو آنے والے وقت میں ہماری زندگی کا حصہ بن جاتی ہے۔

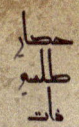

عشق اور جنون

عشق وہ جذبہ ہے جو انسان کی عقل و شعور کے دائرے سے ماورا ہو کر ایک ایسی دنیا میں گم کر دیتا ہے جہاں حقیقت اور فریب کی سرحدیں مٹ چکی ہوتی ہیں۔ جب عشق کی دھار انسان کو اپنی گرفت میں لیتی ہے تو عقل کی تمام حکمتیں اور دنیا کے تمام اصول بے معنی ہو جاتے ہیں۔ یہاں جنون کی سرکشی وہ راستہ بناتی ہے جس پر قدم رکھتے ہی انسان اپنی ذات کو مٹا دیتا ہے، اور عشق میں محو ہو جاتا ہے۔

عشق میں انسان کی ذات جیتتی نہیں، بلکہ وہ اپنی حقیقت کو فنا کر کے ایک نئی حقیقت میں گم ہو جاتا ہے۔ عشق کا سفر ایک انتہائی مسلسل حالت ہے جہاں انسان کو نہ کوئی منزل مقصود ہوتی ہے، نہ کوئی تھم جانے کا لمحہ، صرف بے کراں جستجو کا ایک نہ ختم ہونے والا سلسلہ۔ یہ جستجو انسان کو مسلسل آگے بڑھنے پر مجبور کرتی ہے، مگر اس کی منزل کبھی سامنے نہیں آتی، کیونکہ جب تک یہ سفر جاری رہتا ہے، انسان کے اندر کا سکون اور مکملیت کہیں پیچھے رہ جاتا ہے۔

عشق کی یہ کیفیت جنون میں بدل کر انسان کے جذبات، فکر اور وجود کی ہر پرت کو سلب کر لیتی ہے۔ جنون کی شدت میں انسان اپنے آپ کو اور دنیا کو ایک نئے انداز میں دیکھتا ہے، جہاں ہر شے میں محبت اور تسلیم کا رنگ ہوتا ہے۔ عشق کی یہ بے کراں لہر انسان کو اپنی حدود سے آزاد کر دیتی ہے، اور وہ ہر شے کو اپنے دل کی گہرائی سے چھو کر، اس میں اپنے جنون کا عکس دیکھتا ہے۔

عشق میں جو گزرے وہی جانتا ہے راز
یہ دشت جنوں ہے، منزل کا انداز

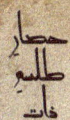

عورت اور کائنات

عورت، ایک ایسی کائنات ہے جس کا دائرہ نہ تو کسی پیمانے میں سمو سکتا ہے اور نہ ہی عقل کی حدود میں آسکتا ہے۔ عورت کا وجود ایک راز ہے، جس کے اندر تخلیق کی وہ قوت ہے جو زمین و آسمان کو نئے سرے سے تشکیل دے سکتی ہے، اور وہی قوت کائنات کو مٹا بھی سکتی ہے۔ اس کی طاقت صرف جسمانی نہیں، بلکہ روحانی اور ذہنی سطح پر بھی بے پناہ ہے۔ عورت کی ہستی میں ایک ایسی محبت، صبر اور جستجو کی قوتیں سموئی ہوئی ہیں، جو کسی بھی کائنات کے نظم کو الٹنے کی صلاحیت رکھتی ہیں۔

یہ قوتیں اپنی تمام تر شدت کے باوجود کبھی مکمل طور پر سامنے نہیں آتیں، کیونکہ عورت کی حقیقت ایک پوشیدہ گہرائی ہے۔ وہ جو دکھائی دیتی ہے، وہ صرف ایک سطحی عکس ہے، جس کے نیچے بے شمار جہتیں چھپی ہوئی ہیں۔ عورت کا کردار کبھی بھی ایک بعدی نہیں ہوتا۔ اس کا کردار کئی طرح کے پیچ و خم، ہموار اور کٹھن راستوں پر مشتمل ہے، جو اس کی اندرونی دنیا کے سچے عکس ہیں۔

عورت اور کائنات کا تعلق اس حقیقت کو سمجھاتا ہے کہ عورت کی حقیقت میں وسعت، بدلاؤ، اور لامحدودیت چھپی ہوئی ہے، جیسے کائنات کی ہر شے میں ایک متحرک طاقت ہے جو اسے قائم رکھنے کے لیے ہمیشہ کام کر رہی ہوتی ہے۔ جیسے کائنات میں ہر چیز کا ایک عمل ہوتا ہے، اسی طرح عورت کے اندر بھی ہر قدم ایک نیا دور تخلیق کرتا ہے، ایک نئی حقیقت جنم دیتا ہے، اور اسی حقیقت کو سمجھنا اور قبول کرنا انسان کی بصیرت کا امتحان ہے۔

عورت کی ہستی میں کئی جہاں ہیں پوشیدہ
کائنات بھی اس کے وجود سے ہے خیرہ

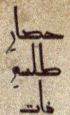

وصال اور فراق

وصال اور فراق، دونوں ایک دوسرے کے محتاج ہیں، کیونکہ حقیقت میں کوئی بھی حقیقت بغیر تضاد کے مکمل نہیں ہوتی۔ وصال وہ لمحہ ہے جب دو روحیں ایک دوسرے میں ضم ہو جاتی ہیں، مگر اس وصال کی لذت فراق کے غم سے ہی جنم لیتی ہے۔ یہ لذت، جو دنیا کی سب سے پُر اثر اور دلفریب ہوتی ہے، اپنی گہری اذیت کی بنیاد پر اجاگر ہوتی ہے۔ جیسے دن کی روشنی رات کی تاریکی کے بعد آتی ہے، ویسے ہی وصال کی تکمیل فراق کی تلخی کے بعد ہوتی ہے۔

وصال اور فراق کا تعلق اس طرح ہے کہ دونوں ایک دوسرے کے بغیر مکمل نہیں ہو سکتے۔ وصال میں بھی فراق کی ایک گونج ہوتی ہے، اور فراق میں بھی وصال کی کمی محسوس ہوتی ہے۔ وصال کی خوشبو میں فراق کی ہوا بھی ہے جو اس لمحے کی تکمیل کرتی ہے، اور جب تک یہ ہوا موجود نہیں رہتی، وصال کا ذائقہ کم ہوتا ہے۔

وصال ایک ایسا لمحہ ہے جو فراق کے دریا کو عبور کرتا ہے، مگر اس کا وجود عارضی ہے۔ ہر وصال، فراق کی یادوں میں چھپے لمحوں سے بنتا ہے اور اسی فراق کے سائے میں اپنی حقیقت کو ظاہر کرتا ہے۔ یہ فلسفہ ہمیں سکھاتا ہے کہ زندگی کا ہر خوبصورت لمحہ، چاہے وہ وصال ہو یا فراق، دونوں کی اہمیت سے جڑا ہوتا ہے، اور ان کا توازن ہی ہماری زندگی کی حقیقت کو واضح کرتا ہے۔

وصال کے لمحے میں فراق کی چپ چھپی ہوئی
جو پاس آ گیا، وہ پھر بھی دور رہا

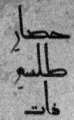

عقل اور خیال

عقل وہ روشنی ہے جو انسان کو دنیا کی حقیقتوں سے روشناس کراتی ہے، مگر یہ روشنی بھی کبھی کبھی اندھیروں میں تبدیل ہو جاتی ہے۔ عقل کا سفر خیال کے دشت میں ہوتا ہے، جہاں حقیقت اور فریب ایک دوسرے میں گم ہو جاتے ہیں۔ عقل کی حدیں محدود ہیں، جبکہ خیال کی کوئی حد نہیں۔ عقل انسان کو وہ راستہ دکھاتی ہے جو محدودیت کی زد میں ہے، مگر خیال اس سے پرے دیکھتا ہے۔

عقل کی روشنی میں خیال کا سفر ہے طویل
جو دیکھا تھا کبھی، وہ نظارہ عجب تھا

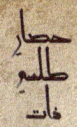

عمل اور اثر

عمل ایک ایسا بیج ہے جو وقت کی زمین میں بویا جاتا ہے، اور اس کے اثرات ہمیشہ عیاں ہوتے ہیں۔ ہر عمل کا اثر ایک گہری خاموش گونج کی مانند ہوتا ہے، جو زمانے کی دیواروں سے ٹکرا کر واپس آتا ہے۔ یہ گونج ہمیشہ اپنی تاثیر چھوڑتی ہے، چاہے وہ اثر مثبت ہو یا منفی۔ اعمال میں خیر بھی ہوتی ہے اور شر بھی، اور ان کا اثر کبھی مٹتا نہیں؛ بلکہ وقت کے ساتھ ان کے اثرات مزید پھیلتے ہیں، اور کسی نہ کسی صورت میں انسان کی تقدیر پر اثر انداز ہوتے ہیں۔

عمل کی قوت اتنی شدید ہے کہ یہ تقدیر کو بھی بدلنے کی طاقت رکھتا ہے، بشرطیکہ عمل میں اخلاص ہو۔ یہ اخلاص ہی ہے جو عمل کو سچائی اور صداقت کے راستے پر لے جاتا ہے، اور وہی عمل انسان کے لیے کامیابی کی راہیں ہموار کرتا ہے۔

یہ گونج ہمیں یہ سکھاتی ہے کہ ہماری ہر حرکت کا اثر نہ صرف ہمارے ارد گرد کے ماحول پر ہوتا ہے، بلکہ یہ اثرات ہمیشہ زمانے کے اندر بھی سرایت کرتے ہیں، اور یہ عمل کے نتیجے میں پیدا ہونے والی گونج ہی ہے جو دنیا میں ہماری موجودگی کا نشان بنتی ہے۔

عمل کی گونج ہے دور تک سنائی دیتی
یہی ہے وہ صدا جو زمانے میں رہتی

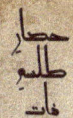

سایہ اور روشنی

سایہ اور روشنی، یہ دونوں ایسے تصورات ہیں جو ایک دوسرے کے بغیر اپنا وجود نہیں پا سکتے۔ روشنی زندگی کی علامت ہے، جو ہمیں حقیقت کی طرف رہنمائی دیتی ہے، اور سایہ اس کی عدم موجودگی کا ایک گواہ ہے، جو حقیقت کے برعکس فریب کی صورت اختیار کرتا ہے۔ جہاں روشنی ہوتی ہے، سایہ وہاں اس کا ہمسایہ بن جاتا ہے، دونوں ایک دوسرے کے ساتھ اس قدر جڑے ہوئے ہیں کہ ان میں سے ایک بھی دوسرے کے بغیر مکمل نہیں ہو سکتا۔

یہ وہ گتھی ہے جو حقیقت اور فریب کی سرحدوں کو طے کرتی ہے، اور کبھی بھی مکمل طور پر سلجھتی نہیں۔ روشنی کی موجودگی میں سایہ ہمیشہ اس کے پیچھے چھپتا ہے، جیسے دونوں ایک دوسرے کے عکس ہیں، اور ہر جگہ جہاں روشنی ہو، وہاں سایہ بھی ساتھ ہوتا ہے۔

روشنی اور سایہ دونوں زندگی کی حقیقت کی مختلف پرتوں کو ظاہر کرتے ہیں۔ سایہ ہمیشہ روشنی کی موجودگی میں ہے، اور روشنی کبھی بھی بغیر سایے کے نہیں آسکتی، یہ ایک مسلسل رقص ہے جو دونوں کے درمیان جاری رہتا ہے۔

یہ سچائی اس بات کی گواہی دیتی ہے کہ جب بھی ہم کسی حقیقت کی تلاش کرتے ہیں، تو اس کے ساتھ اس کا سایہ بھی ہوتا ہے، اور ہر لمحہ روشنی کے ساتھ اس کا سایہ جڑا رہتا ہے۔

سایہ روشنی کے پیچھے چھپا رہتا ہے
کہ یہ روشنی کبھی بھی تنہا نہیں ہوتی

کوئی آسیب ذات کے تعقب میں ہے
کہ یہ روشنی کبھی بھی تنہا نہیں ہوتی

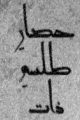

یاد اور وقت

یاد وہ لمحہ ہے جو وقت کی بے چہرہ حقیقت میں ایک نقش چھوڑ جاتا ہے، مگر یہ نقش کبھی مکمل نہیں ہوتا۔ وقت کی تیز رفتاری میں ہر لمحہ ایک نیا نشاں بناتا ہے، مگر یادیں ہمیشہ پیچھے رہ جاتی ہیں، جیسے زخموں کے نشانات جو وقت کے ساتھ گہرے ہوتے جاتے ہیں۔ وقت کا ہر گزرتا لمحہ ہماری روح پر ایک اثر چھوڑتا ہے، اور یادیں وہ ہیں جو ان اثرات کو زندہ رکھتی ہیں، جو ہم سے گزر چکے ہیں۔

وقت اپنے بہاؤ میں بے شمار لمحوں کو لے کر گزر جاتا ہے، لیکن یادیں کبھی معدوم نہیں ہوتیں، وہ غیر محسوس لمحوں میں زندگی پاتی ہیں، اور جب تک ہم ان یادوں کو یاد رکھتے ہیں، وہ ہماری حقیقت کا حصہ بنتی رہتی ہیں۔

یادیں ایک ایسا تسلسل ہیں جو وقت کے ساتھ بہتا رہتا ہے، جیسے دریا کی لہر جو ساحل پر کبھی نہیں رکتا، بس اس کی شکل بدلتی رہتی ہے۔ جو لمحے گزر جاتے ہیں، وہ ہمیشہ ہمارے اندر زندہ رہتے ہیں، ایک خواب کی مانند جو ہمیشہ پلکوں میں سجا رہتا ہے۔

یادیں جو وقت کی گہرائی میں ڈوب گئیں
خواب بن کے پھر وہی پلکوں پہ سو گئیں

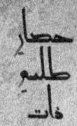

حقیقت اور آئینہ

آئینہ حقیقت کا وہ سنگ بنیاد ہے جو ہمیں اپنی حقیقت سے آشنا کرتا ہے، مگر آئینہ بھی خود ایک فریب ہے۔ یہ ہمیں وہی دکھاتا ہے جو ہم دیکھنا چاہتے ہیں، اور حقیقت کی گہرائیوں کو چھپاتا ہے۔ آئینہ ہمیشہ سطحی سچائیاں پیش کرتا ہے، مگر اس کی حدود میں اصل حقیقت کی گہرائی نہیں ہوتی۔ حقیقت کے پس پردہ ایک اور آئینہ چھپا ہوتا ہے، جو نظر نہیں آتا اور جس میں جھانکنے کی جراءت کم ہی کسی میں ہوتی ہے۔

آئینہ کی سطحی حقیقت صرف ہمارے ظاہری وجود کا عکس دکھاتی ہے، لیکن اندر کی سچائی ہمیشہ دھندلی اور پیچیدہ رہتی ہے۔ آئینہ کا کردار ہمارے ذہن کی طرح ہے، جو ہمیں وہ دکھاتا ہے جسے ہم سمجھنا چاہتے ہیں، مگر اس کی نظر سے ہمیشہ گہری حقیقت چھپتی رہتی ہے۔ حقیقت کا چہرہ وہ نہیں جو آئینہ میں نظر آتا ہے، بلکہ وہ ایک ان دیکھی گہرائی ہے، جو کبھی پورے طور پر عیاں نہیں ہوپاتی۔

یعنی، جو آئینہ دکھاتا ہے، وہ حقیقت کا مکمل عکس نہیں ہوتا۔ حقیقت کا چہرہ ہمیشہ چھپا رہتا ہے، اور اس کا اصل مفہوم ہر کسی کی پہنچ سے دور ہوتا ہے۔

جو آئینہ دکھاتا ہے، وہ سچ نہیں ہوتا
حقیقت کا چہرہ ہرگز عیاں نہیں ہوتا

فنا اور بقا

فنا ایک اٹل حقیقت ہے، بقا ایک ابدی فریب۔ انسان ہمیشہ فنا کے خوف میں مبتلا رہتا ہے، اور اسی خوف سے بچنے کے لیے بقا کی جستجو میں اپنی زندگی گزار دیتا ہے۔ مگر یہ حقیقت ہے کہ بقا کی حقیقت فنا کے بغیر ممکن نہیں۔ ہر پل جو ہم بقا کی تلاش میں گزارتے ہیں، وہ فنا کے سنگ میل پر کھڑا ہوتا ہے۔

یہ دنیا ایک ایسی عجیب حقیقت کا اظہار کرتی ہے جہاں بقا اور فنا کے درمیان ایک مسلسل رشتہ قائم رہتا ہے۔ بقا کا ہر لمحہ فنا کی گزرگاہ سے گزرتا ہے، اور فنا خود بقا کی صورت اختیار کر لیتی ہے۔ جیسے رات کی تاریکی دن کی روشنی میں بدل جاتی ہے، ویسے ہی فنا بقا میں تبدیل ہو جاتی ہے، اور بقا میں چھپی ہوئی فنا کی حقیقت ہمیں ہمیشہ متنبہ کرتی رہتی ہے۔

فنا میں بقا کی موجودگی اور بقا میں فنا کی حقیقت کا یہ پیچیدہ رشتہ ہمیں زندگی کے تمام پہلوؤں میں نظر آتا ہے۔ جو چیز ہمیں بے پناہ عزیز ہوتی ہے، وہ کبھی نہ کبھی فنا کے مرحلے سے گزرتی ہے، اور یہی فنا ہمیں بقا کے نئے امکانات دکھاتی ہے۔

حرمین طارق

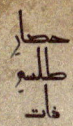

میرا اصل گوندھا گیا خرابیوں سے

جہاں غلط ہوں وہاں بھی بولتا رہتا ہوں، کیونکہ میرا غلط ہونا میرے درست کا عادی ہے، تھوڑی سی زمانے کی روش سے بے زار ہوں کیونکہ میں قائل نہیں فرشتہ بننے کا میں اناؤں کے بت بناتا ہوں میں مانتا ہوں، میں آس جگا کر توڑتا ہوں میں مانتا ہوں، مجھ میں صفتِ حیوانیت بخوبی ہے میں چارہ ڈال کے نوچتا ہوں میں مانتا ہوں، ہاں نہ جسموں کی لکھاوٹ مجھے لبھاتی ہے میں ہر سطر پہ نقطہ شکن ڈالتا ہوں میں مانتا ہوں، میں ہوس کا پرستار ہوں، لفظوں کے جال پھینکتا ہوں اور سازشوں کے تیر کھینچتا ہوں، فریب کا خدا ہوں، اور یہ الزام بھی خدا کے سر ڈالتا ہوں کیونکہ:

میرا اصل گوندھا گیا خرابیوں سے، اور پھر حماقت یہ کہ میں سب جانتا ہوں پھر بھی مانتا ہوں۔

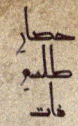

ذات سے کم ذات تلک

ہر انسان کی زندگی کے دو مراحل ہوتے ہیں، اِک جس میں وہ خود کو خدا گردانتا ہے اور اِک جس میں انسانیت کے درجے کے مستحق بھی نہیں سمجھتا، میرا ماننا ہے ہم میں سے ہر مرد کی زندگی کسی معصومہ کے قبر پہ بنی ہوتی ہے، کسی نہ کسی صنفِ نازک کی زندگی کا قرض ہوتی ہے، جب ہم خدا، محبوب کی بانہوں کو ٹٹول رہتے ہیں، جب ہماری وفائیں اس ننگ بدن کو چکھ چکی، ہم مرد حضرار مجبوریے حالات میں وفاؤں کے سبھی کبوتر ترک کر دیتے، اور نا جانے کتنے جسموں پر ہماری نظریں اس گوشت کو تکتی رہتی جس حسرت سے قصاب کی دکان کے باہر بیٹھا ہوا کتا گوشت تکتا ہے، اس طرح ہم مردوں کی زندگیاں کسی نہ کسی کی زندگی کا قرض ہوتی ہیں، اور جب قدرت کی ہوا حقوق العباد کا تماچہ مارتی ہے تو یہ خدا مساجد میں عاجز ہوتے نظر آتے ہیں، ہر مے اترنی ہے، ہر سراب ہٹنا ہے، آج نہیں تو کل ہمیں مرنا ہے اور ہمارے جسے کا رزق کیڑے کھائیں گے۔

ہم نے دیکھے ہیں خدا بہت
ایرے، غیرے تیرے جیسے بہت
پھر گردنیں گرتیں رہیں پیروں میں
اس نے گرائے جب تیرے جیسے بہت

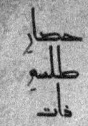

عورت کی تشکیل

جی ہاں معاشرے کی تشکیل میں عورت ایک اہم کردار ادا کرتی، لیکن عورت کو کون تشکیل کرتا ہے؟ دراصل معاشرے کا عورت کے ساتھ آغاز ہی سے دشمنی کا ساتھ ہے۔ معاشرہ عورت کی تشکیل زیادہ تریوں کرتا ہے، بچپن مفلسی میں گزرتا ہے، جوانی محرومیت میں اور بڑھاپ گھر ویران کونوں میں، کیونکہ معاشرے کی نظر میں عورت طوائف ہے، عورت بدکار ہے، عورت جسم فروش ہے۔ جبکہ میرا خیال ہے کہ اندھیرے میں تمام تر عورتیں ایک جیسی ہوتی ہیں، اگر روشنی عورت کے بدن پر پڑ جائے تو عورت معشوق، اگر یہ روشنی کوٹھے پر پڑ جائے تو عورت طوائف، اگر یہ روشنی بستر پر پڑ جائے تو عورت بازاری اور اگر یہ روشنی اپنے ہی آنگن میں پڑ جائے تو عورت ماں، بہن، بیٹی اور بیوی کے روپ میں نظر آتی ہے۔ عورت کوئی وجود نہیں بلکہ معاشرے کی آنکھ کی وہ روشنی ہے جو اسکا معاشرے میں کردار تشکیل دیتی ہے۔ عورت کا کوئی جسم نہیں بلکہ مرد کی آنکھ میں ناچنے والی نیت ہے۔ جب مردوں کی آنکھیں حجابوں میں چھپی حوا کے بدن کو ٹٹولنے لگیں تو عورت نے پردے کے تقدس کو بچانے کے لیے جسم کی نمائش شروع کردی کہ جو دیکھو سرِعام دیکھو۔ اشتہارات میں عورت جسم کی نمائش کرتی نظر آتی ہے، سیلز پوائنٹس پہ عورتیں اپنے حسن کے جلوے آشکار کرتی نظر آتی ہیں اور ہم ایسی عورتوں کو بازاری سمجھتے ہیں اور تب جب ہم سر سے لے کر پاؤں تک اس عورت کا شریفانہ معائنہ کر چکے ہوتے ہیں۔ گاہک نہ ہو تو دوکان کس کام کی؟ بن تماشائی طوائف نہیں بن سکتی، ذلیل آنکھ کے بغیر عورت بدکار نہیں ہو سکتی، جسم خور کے بغیر جسم فروش نہیں ہو سکتی۔ وہ تماشائی، ذلیل آنکھیں، جسم خور ان تمام صفات کے مالک ہم مرد حضرات ہیں تو عورت ایسے تشکیل پاتی ہے جناب!

بھوک اور عشق

دنیا کی تشکیل میں عشق کا ہاتھ تھا جسکی تکمیل میں بھوک کا ہاتھ تھا ،محظ نوالوں کا قحط بھوک نہیں، چاہت بھوک، ارادہ بھوک، وسیلہ بھوک، بھوک اس کائنات کی وہ تخلیق ہے جس سے خدا کو بھی مفر نہیں، عشق ہوا خدا اپنے محبوب کی تخلیق کر گیا پھر بھوک بھری دنیا تخلیق کر دی گئی تاکہ محبوب کی اداؤں سے اپنے عشق کی بھوک مٹائی جائے مگر اس کمبخت نے وہ امرت پیا ہوا ہے جس میں عمر کی حد نہیں اور پیروکار وجود میں آگئے اور قرآن حُسن کی بھوک میں لکھ دیا گیا کہیں زلفیں وسیلہ رزق تو کہیں جبیں غزائے روح، کہیں لب بھڑکتی پیاس، کہیں آنکھیں مشروب ٹھنڈا، یہاں پیٹ مزہب، یہاں کلام نوالے، بھوک تبلہ، بھوک ترکھٹ، بھوک صفت خدائی ہے، بھوک ابدی کاروائی ہے، بھوک رقص ہے، بھوک عکس ہے، جب ظاہر بھوک، باطن بھوک پھر بھوک محب بھی

پھر بھوک محبوب ہے پھر بھوک

عرش بھی ہے پھر بھوک رشق ہے پھر بھوک عشق ہے!

لمسِ تابناک

میری ملاقات ہوتی ہے اللہ سے، شب و روز کی جبین پہ شمس و قمر اپنی سرخی اور تیرگی کو دھیمے سے جنبش دیتے ہوئے زندگی کے رواں مسائل پہ اپنے دستِ روشنی کی کرنوں کو سمیٹ کر آنکھ کے خیمے پہ دستک دے کر جب تیرگی و آب دیدگی کو قوسِ قزح میں ڈھال دیا جاتا ہے، میرا وصل مکمل کر دیا جاتا ہے۔

جب تیرگی کی فضا میں آب دیدگی کی رمق قوسِ قزح کی خوبصورتی میں تبدیل ہوتی ہے، تو یہ لمحہ ایک نیا افق کھولتا ہے۔ ایک لمحے میں، میں خدا کی روشنی میں ڈوبا ہوا محسوس کرتا ہوں، جہاں تمام شک و شبہات، خوف اور غم تحلیل ہو جاتے ہیں۔ اس لمحے کی گہرائی میں، میری روح کو سکون ملتا ہے اور میرے باطن کی لامتناہی تلاش مکمل ہو جاتی ہے۔

یہ تجربہ، جو شمس و قمر کے بے مثال رقص کی مانند ہے، میرے وجود کی ہر پرت کو چھیڑتا ہے اور مجھے ایک نئی بصیرت عطا کرتا ہے۔ اس روشنی کے لمس سے، میری روح کی پیاس بجھتی ہے، اور میں اپنی حقیقت کی مکمل شناخت حاصل کرتا ہوں۔ زندگی کی ہر پیچیدگی، ہر تاریکی، اور ہر چمک، اس لمسی تجربے میں محو ہو جاتی ہے، اور میں اپنی روح کے اصل سکون کو پا لیتا ہوں۔

دوٹوک

حالات کے بدلتے لہجوں پر میں نظم بنانے نکلا ہوں جنت سے زمین پہ اے زندگی تجھ کو نبھانے نکلا ہوں، تو مجھ میں رہتا رہا برسوں اور میں تیری تصویر بنانے نکلا ہوں، منوایا گیا فرشتوں سے اور اب خدکو انسان بنانے نکلا ہوں، اپنے کوچے سے تیرے کوچے تک راہ ہموار بنانے نکلا ہوں، اٹکا تھا جو دانہ حلق میں آدم کے اس دانے کو حلال بنانے نکلا ہوں، خداؤں کی خداؤں سے لڑائی میں خدا اپنا بچانے نکلا ہوں، طوائف عورت ہی کیونکر ہو مردوں کو، حالات کے زیور پہنا کر میں رقص کروانے نکلا ہوں، رزق کی تھاپ پہ ناچنے والے مرد کو باپ بنانے نکلا ہوں، تم نہ کرو پردہ آج کی لڑکی، میں کفن سی کر حجاب بنانے نکلا ہوں، ہر گناہ کی لزت سے نیک احوال بنانے نکلا ہوں، مورت جو گھڑی گئی شر سے اسکو تیرا فرمان بنانے نکلا ہوں،

آج میں پھر وں خاموش رہا

بعض اوقات اِک چٹان سا مضبوط انسان موم سا ڈھلنے لگتا ہے۔ پہروں خاموش رہتا ہے۔۔ گھورتا ہے تعجب کرتا ہے کوستا ہے، چند آواز بھرے لمحوں کو۔ حیرانی کی کیفیت مایوسی کی ڈھلوان پہ سرکتی جاتی ہے۔ لب باساکت، شام پُر شکم، حالت مجذوب کیسی اُمیدوں کے دیے روشنائی کی اوٹ سے بیزار ہوتے چلے جاتے ہیں۔

مگر آج میں پہروں خاموش رہا دنیا کی چیخ چلاہٹ کو باریکی سے بھانپنے لگا۔ مجھے معلوم ہوا کہ یہ آواز کی بکھیری گئی چال ہے جو اپنے شکنجے میں سبھی کو گھیرے ہوے ہے۔ لہذا اپنی آواز کو درستگی کے ساتھ پیغامِ خیرگی کے عمل میں استعمال کیجیے۔ طعنہ سازی سے اجتناب کریں کیونکہ نکلنے والی آواز پلٹ کر آپکی سماعت کو متاثر کرنے کی اہلیت رکھتی ہے۔ شکریہ!

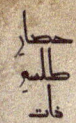

مجھے تلاش خدا کی

دنیا کو اک فریب دے دیا گیا فریب بھی کیا منفرد خدا، جو نہ دیکھا، جو نہ سمجھا، نہ ہی عقل کے تراشے میں آیا ، مگر تراش خراش کا شکار کر دیا گیا، اور ہم حرام خور تمام آفات خدا کے سر ڈال پس آئینہ خود کو بے عیب گردانتے ہیں ،ہم جنمے تو اذان دے دی گئی اور ہمیں مسلمانوں کا خدا تھما دیا گیا، گویا اک جلد ہو اور خدا دفن ہو جس میں، مجھ سے نہیں پوچھا گیا کہ میں اس خدا کو ماننے کا قائل ہوں یا نہیں، میں اس خدا نامی فریب کو اپنی زندگی سے کان سے پکڑ کر باہر نکال دینا چاہتا ہوں، میں ایسی کم ذاتی کا قائل نہیں جس میں کامیابی میری محنت سے آئے اور آفات کے لیے میں اس خدا کو گھسیٹوں کہ کے یہ تم بھیجنے والے ہو! خدا کو خدا ہونا چاہیے خدآشنا!

مجھے بنا دیا گیا، مجھے رٹا دیا گیا مگر مجھے آشنا نہیں کروایا گیا، اب اتنے سستے میں خدا ملے گا تو با معذرت مجھے نہیں چاہیے، میں کھوج نکالنے کو خدا مانتا ہوں، اب ہتھیلی پہ پڑی خدائی سے مجھے محرومیت کی بو آتی ہے، میں خدا پرست ہوں آشنائی خدائی کا واحد راستہ ہے۔

"غور و فکر کرو تو میں ملوں گا"

کہکشاؤں کی روشنی دھندلا جانے کے بعد بھی کیا رہے گا یہی جنوں باقی۔؟؟

یہ بہت واضح ہے کہ کیا کہکشاؤں کا نور دھندلا جانے کے بعد بھی رہے گا جنوں باقی؟

روزِ ازل سے ہی قدرت نے انساں میں جمالیات کی طرف مائل ہونے کی روِش کا بیج بویا ہے، رومانویت کا کثیر پہلو سرِ سین روشن کیا۔ مگر کیا یہ شباب وجمال بہت جلد اپنی کشش کو گنوا دینے کا مقدر نہیں رکھتے؟ تو کیا یہ جنوں جوں کا توں باقی رہنے والا ہے؟ اگر اجسام کی حنا کی بناوٹی اور سطحی باندھ کو کراس کر خمیرِ ذات کا حصول لگن، لگاو کوئی ذی روح کھوج نکالے تو با خدا وہ قدرت کے اُس تخلیقی خانہ کار کو پالے گا جہاں کہکشاؤں کا نور مدھم نہیں ہونے والا، چاند اپنی جاذبیت نہیں کھونے والا، گلاب اپنا جمال اپنی جاذبیت کو ماند نہیں کرنے والا۔ لہٰذا مادیت پرستی کے ظاہری وقار کی چمک میں خود کو بے نور کرنے سے بہتر ہے دامن کی وقتی تاریکی اور روح کی دائمی خوبصورتی کے حصول اشخاص کا انتخاب کیا جائے۔ تاکہ کہکشاؤں کا نور دھندلا جانے کے بعد بھی باقی رہے یہی جنوں!۔

رباعيات

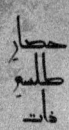

خوابوں کی وادی میں جو نقش ابھرتے ہیں
وقت کی لہروں میں وہ سب بکھرتے ہیں

زندگی کا مطلب سمجھا جو اس سفر میں
یہ خواب ہی ہیں جو دل کو سنوارتے ہیں

دنیا کے رنگوں میں چھپی ہے حقیقت
ہر سانس میں ملتی ہے اک نئی محبت

جو دل کی باتیں سمجھ لے انسان
وہی پا لیتا ہے اپنی اپنی قسمت

شام کے سائے ہیں، دل کا قرار نہیں
زندگی کی راہوں میں کوئی غمگسار نہیں

دھوکہ ہے دنیا کا ہر اک جلوہ
حقیقت میں کچھ بھی باقی و برقرار نہیں

ہر ذرہ ہے گواہ تیری عظمت کا یہاں
خوابوں میں چھپا راز ہے وحدت کا یہاں

دریا کی روانی ہو یا وقت کا سفر
سب کچھ ہے نشان تیری قدرت کا یہاں

دل کے اندھیروں میں بھی، اُمید کی جوت ہے
دکھ اور سکھ کی اس راہ میں، ہر قدم ایک موت ہے

جو بھی چنے گا صبر کا، وہی کامیاب ہوگا
یہی درس دیتا ہے، رباعی کا وہی نوٹ ہے

زندگی کا ہر لمحہ، ہے اک امتحان
وقت کا ہر پل، ہے اک گمشدہ نشان

جو بھی سمجھے گا اس راز کو غور سے
وہی پا لے گا دل کا اطمینان

چاندنی رات کی چپ میں، عشق کی بات ہو
درد کی سرگوشیوں میں، وفا کی بات ہو

دل کے آئینے میں چھپی وہ تصویر ہے
جو نظر سے پرے، مگر قریب کی بات ہو

دل کی گہرائی میں ایک خواب چھپا ہے
آنکھوں کے دریا میں، اشک کا نشاں ہے

حسرتوں کی بارش میں جلتا ہے دل
ہر خواہش کے اندر ہی اندر امتحان ہے

وجود کی گتھیوں میں پوشیدہ ہے راز
عشق کے لمحوں میں چھپی ہے اک آواز

روح کی تڑپ میں جو بات کہی گئی
وہی ہے حقیقت، باقی سب ہے انداز

کیسے ممکن ہے دامنِ صحرا سے جدا ریت کو کرنا؟
دیوانے اے دشت ہے اب کیا اندھے کو، بھلا کرنا

اب کے شمشیر نہاں ہے بصارت سے مگر جاناں
تیغِ ابرو کا ترچھ پن، کیا ضروری ہے یہ وبال کرنا؟

دوے

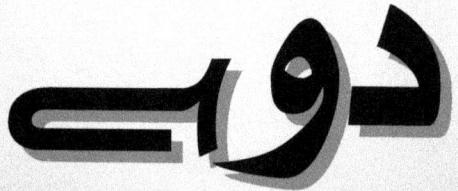

دھوپ میں جو چل پڑے، سائے کا کیا کام
جو محنت سے جیت لے، اُس کا اونچا نام

پانی جب تک بہتا ہے، تازگی لاتا ہے
ٹھہرا پانی کیا کرے، بس بدبو پھیلاتا ہے

سچائی کی راہ پر، چلنا ہے آسان
جھوٹ کا پل جوڑنا، بس اک شیطانی کام

حرمین طارق

راستہ جو صاف ہو، منزل بھی قریب
چلنا ہوگا سیدھا، تبھی ملے نصیب

بیج جو ہے بویا، وہی پودا اگتا ہے
محنت کی جو کھاد ہو، پھل اچھا لگتا ہے

دھوپ کی تمازت میں، سایہ ہے قیمتی
چھاؤں کا جو لطف ہے، وہی دل کو میٹھی

دل کی دھڑکنوں میں، عشق کا نشاں
لبوں کی خاموشی میں، وفا کا بیاں

خواب کی چپ میں، دکھ کی روشنی
محبت کی بارش میں، یاد کی نمی

لمحوں کی قید میں، زندگی کا سفر
عشق کی سرگوشی میں، ہے دل کا اثر

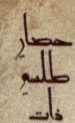

کم ذاتی ہے بلا کی کہ دکھاوے کی نیک روش ہو زیبِ تن
گویا رات کی بسر حسینہ کی بانہوں میں سویرے تہجد کی ادا

روح جسم کی ملاوٹ سے کہاں پاک ہے جاناں
احساس غذائے روح تو لمس غذائے جسم ہے جاناں!

توں مانتا ہی نہیں میرے خمیر کے تعمیری اجزاء
تقدس اپنی جگہ، خاک کی ضرورت الگ ہے جاناں ہے!

حدِ ادب! افرق اے منافقین وحاسدین
ہم محفلِ زماں میں مسکرا دیے ہیں اب

تشکر

یہ کتاب ایک طویل سفر کا نتیجہ ہے، اور اس سفر میں کئی لوگوں کا تعاون اور حوصلہ افزائی میرے ساتھ رہی۔ میں دل کی گہرائیوں سے ان تمام افراد کا شکریہ ادا کرنا چاہتا ہوں جنہوں نے اس کتاب کی تخلیق میں میری مدد کی۔

سب سے پہلے، میں اپنے والدین کا شکر گزار ہوں جن کی دعائیں اور محبت ہمیشہ میرے ساتھ رہی۔ آپ دونوں کی حوصلہ افزائی اور بے پناہ قربانیوں کے بغیر یہ کتاب ممکن نہیں تھی۔

میرے اساتذہ اور رہنماؤں کا شکریہ جنہوں نے میرے خیالات کو نکھارنے میں اہم کردار ادا کیا۔ آپ کی رہنمائی نے مجھے ہمیشہ صحیح راہ دکھائی۔

میرے دوستوں کا بھی شکریہ جنہوں نے میری تحریروں پر اپنی قیمتی آراء پیش کیں اور مجھے بہتر لکھنے کی تحریک دی۔

خاص طور پر میں **محمد اسامہ باجوہ** کا شکریہ ادا کرتا ہوں جنہوں نے ہر قدم پر میری حوصلہ افزائی کی۔ آپ کے ساتھ کی وجہ سے یہ سفر خوشگوار رہا۔

آخر میں، میرے قارئین کا شکریہ جو میری تحریروں کو پسند کرتے ہیں اور میرے کام کی قدر کرتے ہیں۔ آپ کی محبت اور حمایت نے مجھے ہمیشہ نئے خواب دیکھنے اور انہیں حقیقت میں بدلنے کا حوصلہ دیا ہے۔

یہ کتاب آپ سب کے نام!

حرمین طارق

مصنف کا تعارف

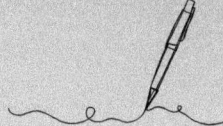

میاں حرمین طارق ایک نادر شخصیت ہیں جنہوں نے میڈیکل سائنسز کی دنیا میں تعلیمی کامیابیاں حاصل کرنے کے باوجود اردو ادب کی گہرائیوں میں ایک منفرد مقام بنایا ہے۔ انہوں نے بی ایس سی زوالوجی، ایم ایس سی بائیو ٹیکنالوجی، اور وائرولوجی میں تخصص حاصل کیا ہے۔ ان کی تعلیمی زندگی کا محور سائنس رہا، مگر ان کا دل ہمیشہ ادب کے پیچ وخم میں گم رہتا تھا۔

حرمین طارق نے میڈیکل سائنسز میں گہرے علمی سفر کے ساتھ ساتھ چھ سال تک بطور بائیولوجی لیکچرر خدمات انجام دیں اور بعد ازاں بائیوٹیک ریسرچ سینٹر میں بطور اینالٹیکل آفیسر بھی خدمات سر انجام دیں۔

ادب سے ان کی محبت کا آغاز ساتویں جماعت میں ہوا، جب انہوں نے اپنا پہلا شعر لکھا۔ سعادت حسن منٹو، ساغر صدیقی، اور فیض احمد فیض جیسے مایہ ناز ادبی شخصیات نے انہیں گہرائی سے متاثر کیا۔ اس کے ساتھ ساتھ نصرت فتح علی خان کی قوالیوں میں پوشیدہ شاعری اور پیر نصیر الدین نصیر شاہ صاحب کی شخصیت نے ان کے ادبی شعور کو مزید نکھارا۔

"حصارِ طلسم ذات" ان کی پہلی تصنیف ہے، جو ان کے فکری اور تخلیقی سفر کا آئینہ دار ہے۔ اس کتاب میں شامل فلسفیانہ خیالات اور روحانی تجربات، ان کے اندرونی جذبے اور علمی قابلیت کا بہترین امتزاج ہیں۔

حرمین طارق نے اپنی زندگی میں اردو ادب کے میدان میں نمایاں کامیابیاں حاصل کیں۔ ضلع فیصل آباد کے تقریری مقابلوں میں دوسرا انعام حاصل کرنا، کالج اور یونیورسٹی کی سطح پر متعدد تقریری مقابلے جیتنا، اور "انتہائے ادب" میگزین میں شائع ہونے والے کالم کے لیے پہلا انعام حاصل کرنا ان کی نمایاں کامیابیاں ہیں۔ اس کے علاوہ، انہیں چار معروف اخبارات سے کالم نگاری کی پیشکش بھی ہوئی۔ وہ یونیورسٹی میں اردو لٹریچر سوسائٹی کے صدر بھی رہے، جہاں انہوں نے کئی ادبی پروگرامز کا انعقاد کیا اور اردو ادب کی خدمت میں اپنا حصہ ڈالا۔

میاں حرمین طارق ایک ہمہ جہت شخصیت ہیں جو نہ صرف ادب میں گہری دلچسپی رکھتے ہیں بلکہ وہ ایک جستجو پسند اور خوش مزاج انسان بھی ہیں۔ ان کی تحریریں ان کے وسیع تجربات اور فکری گہرائیوں کا آئینہ دار ہیں، جو قارئین کو ایک فکری اور جذباتی سفر پر لے جاتی ہیں۔

"حصارِ طلسمِ ذات" ایک ایسا فکری سفر ہے جو قاری کو زندگی کی گہرائیوں میں لے جاتا ہے، جہاں ہر خیال ایک نیا راز بن کر سامنے آتا ہے اور ہر لمحہ حقیقت کے پردے کو مزید دھندلا کر دیتا ہے۔ میاں حرمین طارق کی یہ پہلی تصنیف اردو ادب کی حدود کو توڑ کر ایک نئی دنیا کی راہ دکھاتی ہے، جہاں شاعری اور فلسفہ ایک طلسماتی رقص میں مشغول ہیں۔

یہ کتاب رومانویت، تصوف، اور انسانی تجربات کو ایک ایسے انداز میں پیش کرتی ہے جو قاری کے دل و دماغ کو جکڑ لیتا ہے۔ یہاں ہر لفظ ایک دروازہ کھولتا ہے، اور ہر دروازے کے پیچھے ایک اور پراسرار دنیا منتظر ہے۔

مصنف کا پیغام

یہ کتاب ایک ایسے سفر کی دعوت ہے جہاں ہر سوال ایک نیا راز بن جاتا ہے، اور ہر جواب ایک نئے طلسم کا دروازہ کھولتا ہے۔ "حصارِ طلسمِ ذات" وہ راہ ہے جو آپ کو ان گہرائیوں تک لے جائے گی جہاں روشنی اور سائے کے درمیان ایک دائمی کھیل جاری رہتا ہے۔

یہاں کوئی اختتام نہیں، بس ایک سفر ہے—ایک ایسا سفر جو آپ کو اس مقام تک پہنچاتا ہے جہاں حقیقتیں ہمیشہ دور رہتی ہیں، اور راز کبھی ختم نہیں ہوتے۔

حرمین طارق

ISBN 978-969-609-244-5
9 789696 092445

www.ingramcontent.com/pod-product-compliance
Lightning Source LLC
LaVergne TN
LVHW051037070526
838201LV00066B/4844
* 9 7 8 9 6 9 6 0 9 2 4 6 9 *